一級建築士
水越美枝子

がまんしない家

これからの生活様式への
住まいリセット術

NHK出版

がまんしない家

これからの生活様式への
住まいリセット術

目次

はじめに

11年前に出版した『40代からの住まいリセット術』の冒頭で、私はこんな文章を書きました。

――家づくりの基本は、「人が主役の住まい」をつくることだと思っています。
家にいることにしあわせを感じたり、住まいのおかげで生き生きとできる、そんな暮らしは、人生を確実に豊かにしてくれます。――

この考え方は、今でも変わりません。住宅の設計を始めてから今日まで、たくさんの家づくりに関わり、クライアントの方々と一緒に、「これからの人生を豊かにするための住まい」について考えてきました。

しかし私たちを取り巻く環境は、この10年で大きく変わりました。それにつれて、私たちの意識も変わってきました。

たとえば社会全体では、多様性や人権についての意識が高くなり、男性と女性が対等な存在になってきています。また、家族や家に対する考え方は、私たちの親世代と、私たちの子どもの世代では、だいぶ違うように感じます。家族一人ひとりが、家長や長男、主婦といった役割ではなく、一個人として大切にされる時代になったといえるでしょう。共働きがスタンダードになり、夫婦で子育てや家事をシェアするようにもなりました。

働き方改革や、感染症の流行をきっかけに、家でリモートワークをする人が増え、家の中に仕事をする場所が必要にもなってきました。同時に、衛生意識の高まりから、「手洗いスペース」の重要性が大きくなってきています。

平均寿命が延びて老後が長くなりましたが、介護サービスの普及により、さまざまなサポートを受けながら、自分の家で暮らせる時間が長くなってきました。

健康で長生きできる家にするために、そして深刻な環境問題の対策としても、住宅性能を高め、断熱性の高い、省エネルギー住宅が求められています。

それらの変化に従って、住まいの考え方も変わる必要があると思います。現代を生きる私たちが快適な毎日を送るためには、住まいにも「新しいスタンダード」が求められているのです。

しかし現実はというと、住まいのつくりや間取りは、それらの変化に追いついていません。快適ではない家で、がまんを強いられながら暮らしている人が少なくないのも、事実です。

そんな人たちが「がまんしている原因」を自ら認識し、改善するための方法を見つけられるようにすることが、この本を書いた目的です。1章では、多くの人にとって家が快適でなくなってしまった理由について考察しています。2章では、とくに近年になって求められている「新しい生活様式」と「新しい意識」に合ったこれからの住まいについての考え方を提案します。

そして3章以降は、それらを具体的に形にしていくためのプランやアイデアを紹介しています。今まで私が、快適な暮らしのために考えてきた設計のセオリーを踏まえたうえで、時代の変化、意識の変化に合わせた新しいプランを考えることで、これからの「人が主役の住まい」を実現することができると思っています。

ひとりでも多くの方が、「自分の家が大好きで、ここが自分の居場所だ」と思いながら暮らせるように、という願いを込めて書きました。未来のご自身の住まいを想像しながら、楽しんで読んでいただければ幸いです。

第1章　家は生きている

1. なぜ家は快適な場所でなくなったのか

コロナ禍、夫の定年が気づかせたこと

家は、私たちにとってもっともくつろげる場所です。

昼間はそれぞれの場所で仕事や勉強に頑張っていたのが、家に帰った瞬間に緊張から解き放たれ、肩の力を抜いてホッとすることができます。一日の疲れを癒し、また翌日へのエネルギーをためることができる。家とはそういう場所であるべきです。

しかし残念なことに、実際には「家が快適な場所ではない」という人も少なくありません。「家には落ち着ける場所がない」「家にいるとストレスがたまる」、そんな悩みを耳にすることもよくあります。これをさらに痛感するきっかけになったのが、2019年末に始まった新型コロナウイルス感染症の流行です。

感染症の流行以前は、「狭い家にいるとストレスになるので、休日は朝から家族で出かけることにしている」という人もいましたし、「家より落ち着く」「集中できる」と、カフェで仕事や勉強をして長時間過ごす人もたくさんいました。ところがコロナ禍によってリモートワーク

が増え、外出もままならなくなりました。家族全員が平日も休日も、居心地の悪い家の中で一緒に過ごさなくてはいけない事態になったのです。

家にいる時間が長くなったことで、「家に問題がある」ということが、多くの人に、よりはっきりと、急激に、明らかになったといえます。すべての家族にとって、「家のあり方」をあらためて考えるきっかけになったできごとだったと思います。

じつは、コロナ禍のずっと以前から、あちこちの家庭で似たような状況は生まれていました。それは、「夫の定年」というライフスタイルの急激な変化によるものです。毎日仕事に出かけていた人が家にいるようになったことで、家が快適な場所でなくなってしまうという問題です。

妻は、それまで昼間は自由に使ってきたリビングやダイニングが自分だけのものではなくなってしまい、ストレスを感じます。夫のほうからも、「家にいる時間が長くなったら、居心地が悪く、落ち着かないことに気づいた」という話をよく聞きます。

家族が全員揃う時間が短く、お互いにうまくすれ違いながら暮らしてきたからなんとかなってきたけれど、いつのまにか、家は家族全員が快適に過ごせる場所ではなくなっていたのかもしれません。コロナの流行や夫の定年というライフスタイルの変化によって、以前からあった問題が顕在化したといえます。

集団主義から個人主義へ

ではどうして、多くの人にとって家は快適な場所ではなくなってしまったのでしょう。それを考えるときに大きなヒントになるのが、**私たちの意識の大きな変化**です。

日本人の暮らしは昔から「調和を尊ぶ」生活様式にのっとっていました。それは、個人を大切にする欧米人の暮らしとは大きく違っています。

たとえば、日本には「玄関」という場所があります。全員がここで靴を脱いで家に入るので、自分が脱いだ靴がほかの家族のじゃまにならないように、揃えて隅に置いたり、靴箱にしまったりする習慣や常識があります。来客に限らず誰が見ても脱いだ靴が乱れていない玄関にしておくことは、大事な生活作法のひとつでもあります。ちなみに家の中でも靴を履いて生活する欧米の国では、靴を脱ぐのは自分の部屋で、しまうのも自室のクローゼットなどです。

また、日本の「洗面室」は家族全員が使う場所です。誰かが使っているときは順番を待たなければならないし、自分が使った後は次の人のために、きれいにしておくのがきまりです。少し前までは、石けんやクシなど身だしなみに使う道具も共用、タオルも1枚を皆で使うのがあたりまえだったと思います。居間が客間になったり、寝室になったりする「可変する間取り」だったので、誰かが専有することはできませんでした。

しかし「昔の家が快適でなかった」とは思いません。日本人にとってはプライバシーより「家族優先」があたりまえだったので、それに対する抵抗や違和感はあまりなかったのです。

子どもたちそれぞれが個室をもつようになり、洗面スペースや浴室で使う道具やケア製品も、家族共有ではなくなりました。**「プライバシーの薄い共同生活」という暮らし方から、「一人ひとりの好みやプライバシーを尊重する」暮らし方へ。**そんな日本人の変化に、住まいのつくりが追いついてこなかったように感じます。

家に仕事スペースが必要な時代

現在では、人びとが家に求めるものが少し変わってきています。新型コロナウイルス感染症の流行をきっかけに、リモートワークをする人が急激に増えたからです。**家の中に、快適に仕事ができる場所が求められるようになりました。**

このニーズの変化はあまりに急だったので、実際には、まだ快適な仕事スペースがつくれていない家がほとんどです。仕事をする人にダイニングや子ども部屋を占領され、ほかの家族ががまんを強いられるという問題も起きています。

私はだいぶ前から、夫と妻のそれぞれにワーキング・スペースを設ける提案をしてきました。これがコロナ感染症の拡大するなかで役立ったと、たくさんの方に喜ばれています。ただ、今までのワーキング・スペースは、仕事を持ち帰った夫が休日に使ったり、家事の合間に妻がちょっとした作業に使ったりする、という目的が主流でした。

現在では、夫と妻の両方に、仕事に集中するためのスペースが求められることも多くなっています。オンライン会議があるので、声が届かないような別々のスペースが必要です。

ある若い夫婦は、ふたりともリモートワークになりましたが、居室がワンルームタイプのため別々の部屋で仕事をすることができません。ふたり同時にオンライン会議があるときは、仕方なくひとりがトイレの中にパソコンを持ち込んで会議をしていると話していました。

今までは、「昔ながらの、小さい居室がたくさんある間取りは使いづらいので、壁を取り払ってひと続きの大きな部屋をつくりましょう。そのほうが光も風も通りやすくなるし、スムーズな動線になります」という提案をしてきたのですが、ワーキング・スペースの必要性を考えると、それがベストともいえなくなってきました。

ある方は、「オンライン会議をするときに、散らかったリビングやキッチンなど生活感のある背景が映り込むのが恥ずかしい。今は『バーチャル背景』を使って隠しているけれど、違和感があるから本当は使いたくない」と言います。仕事用のデスクを設けるときには、後ろの景色のことも考えなければいけない時代になったんだなと感じます。

コロナ禍は、多くの人の働き方を変えました。リモートワークは一過性のものではなく、今後も浸透していくでしょう。「家の中のワーキング・スペース」をどうするのかは、今後の住まいを考えるうえでの大きな課題になっていくと思われます。これを機に、住まいの場所自体を見直す人も増えてきています。

すべての人に、働き方、生き方を見直す時期がきているといえます。

家族の関係性が変わってきた

設計の仕事に携わってきて、この10年でさらに大きく変わったと感じるのは、「家族のあり方」です。多様性や人権についての意識はさらに高くなり、家族一人ひとりの考え方や好みが尊重される時代へと変わってきました。「家族みんなと同じ」でなくてもよい時代です。

働き盛りの父親は毎晩帰りが遅くてほとんど家にいない、という時代もありましたが、今では、子どもが塾や習いごとから帰る時間のほうが遅いという家庭も少なくありません。子どもが成長するにしたがって、家族の生活サイクルは自然とバラバラになります。

家族全員が1台のテレビを囲んで団欒（だんらん）をする風景も、少なくなってきました。テレビが2台、3台とある家もめずらしくありませんが、そもそも若い人たちはあまりテレビを観ないようです。家族それぞれが自分の端末で好きなものを観たり、それぞれの部屋で好きなことをしたりしています。**家族といえども一人ひとりが自分の世界をもち、自分の時間を優先するようになりました。**

しかしこんな時代だからこそ、家族同士がつながる場所は重要だと私は感じます。一日の始まりや終わりに、あるいは週末に食事をしながら家族で会話する時間は、とても貴重なものです。**自分の世界を大切にしながら、家族の絆も感じられる暮らし。それを住まいで実現させることが求められているのではないか**と感じます。そんな家こそが、これからのニュー・スタンダードになっていくのではないでしょうか。

家事も子育てもふたりでする時代に

家族のあり方でもうひとつ大きく変化したのが、夫婦の関係性です。

１９８６年に男女雇用機会均等法が成立しましたが、その後も家庭のなかでは長いあいだ、昔のままの夫婦の役割分担がしっかりと残っていました。家の間取りや細かい仕様などの打ち合わせでは、「家のことは妻に任せます」「妻の好きなように」と夫が言うケースも多かったものです。

年配の夫婦の場合、家の管理は妻の仕事で、どこに何があるか把握しているのは妻だけということも、よくありました。それでも、妻がずっと家にいてくれたので、生活は回っていました。

しかし今では、**共働きがスタンダード**です。誰もが自立して、自分のことは自分でできるようにならないと暮らしていけません。若い世代のカップルを見ていると、夫と妻の役割分担が全くなくなってきていることを感じます。**子育ても家事も、夫婦で平等に分担するのがあたりまえ**。ときには男性のほうが主体のように感じることもあります。

最近では、若い世代だけでなく年配の夫婦にも、意識の変化が見られます。

「ふたりで立てるキッチンにしてほしい」という依頼は若いカップルに多かったのですが、上の世代からも同様の依頼が増えてきています。「定年後は夫と交替で料理をするので、夫の身長も考慮したキッチンにしてほしい」という人もいます。家づくりの打ち合わせでも、男性が積極的に参加します。

世代を超えて、平等に家事を担うことに抵抗がなくなってきているのは、とても素晴らしいことだと思います。一人ひとり自立した者同士が力を合わせて、ひとつの暮らしをつくっていく、そんな時代になったのだなと感じています。

子どもを中心に家が回るようになった

親と子の関係も、変化してきています。

私の子どものころは、子どもよりおとなの都合が優先されるのがあたりまえでした。来客があるときは、子どもはあいさつをしたら自分の部屋にいるものでした。

しかし最近は、**子どもを中心に生活が回っている家庭が増えてきた**ように思います。きょうだいの数が少なくなったこともあり、子どもに対する親のかかわりが深くなり、子どもにかけるお金も時間も労力も、ぐんと増えています。多くの家庭が、子どもが幼いころから教育に力を入れますし、常に、親と子で一緒に楽しめるものを探しています。なかには、設計の打ち合わせにも子どもを参加させて、「あなたの意見は?」ときく方もいます。子どもが脇役ではなく、家庭の一員として尊重される時代になってきたのだと感じます。

間取りを考える際、子どもがいる家庭ではほぼ100パーセントの方が、**「勉強はダイニングでさせたい」と要望するように**なりました。

子ども部屋はほんとうにいらない?

勉強はダイニングでさせるし、子どもを部屋に引きこもらせたくないので、「子ども部屋はつくらなくていい」という方もいます。でも、私はその考え方には少し疑問があります。どんなに仲の良い家族であっても、子どもが成長して自分の世界をもちはじめたときには、親にじゃまされずひとりになれる空間が必要だと思うからです。子どもにそういう時期がきたときにはちゃんと手を放すのも、親の役目ではないでしょうか。

「子ども部屋はいらない」という方に「ご自分の子ども時代はどうでしたか？」ときいてみると、ほとんどの人は「子ども部屋があった」と言います。反抗期にはひとり部屋にこもったことも、思い出してくれます。

子どもには、ある時期がきたら自分の好きなことに没頭して、思索を深めながら自己を確立していってほしいと思いませんか。そのためには、広いスペースでなくてもいいので、ひとりになれる場所はやはり必要だと思います。

ただ、子どものスタディ・コーナーも、子どもの個室も、考えてみると必要になるのはごく限られた期間です。必要がなくなったときには、ワーキング・スペースや、夫婦それぞれの寝室にする、老親と同居するときに役立てるなど、さまざまな使い方が考えられます。

家族の変化に対応できる柔軟な住まいづくりが求められていることは、間違いありません。

2. 動線のねじれと収納問題

パブリックとプライベートを区別する暮らし

日本の住まいを快適でない場所にしているもうひとつの理由は、「動線のねじれ」です。私は30年前、タイのバンコクに住むことになり、そこで初めて「欧米スタイルの家」での暮らしを経験しました。この経験は、私の「住まい」についての考え方を大きく変えるきっかけになりました。

欧米スタイルの住まいは、「個室」についての考え方が日本とは大きく違います。日本で個室というと、イメージされるのは「子ども部屋」です。しかし欧米の個室は、寝室に、専用の洗面室、浴室、トイレが一室になった水まわりが備えつけられた、ホテルのようなプランが主流。いわば、完全な「プライベート・スペース」です。子どもたちにもそれぞれの個室と、専用、あるいは共同で使う水まわりが与えられます。

実際にそういう間取りで暮らしてみると、生活が劇的に変わりました。**朝目覚めたら、洗面、トイレ、着替えなどの「個人の用事」をすませてからキッチンやダイニングに出ていくことができます。**パジャマ姿で家の中をうろうろすることもありません。小さな子どもがいた時期はとくに、寝室とバスルームが近いのは快適な環境でした。

来客があるときにも、この間取りは大変便利でした。日本で住んでいたマンションは洗面室が狭いうえに、脱衣所や洗濯室も兼ねていたので、「ちょっと手を洗わせて」と言われて、あわてるようなこともあったのです。しかし欧米型の住まいでは、**来客用の手洗いつきトイレ（パウダールーム）があること**が多いので、自分たちの洗面室やトイレに通す必要がありません。

日本にいたときにも、外国人向けのマンションの設計をした経験はありました。でも、「家の中にバスルームを3つつくりたい」といったリクエストを、スペースのむだのように感じていたのも事実です。実際に暮らしてみて、それを求める理由がようやく納得できました。

タイで暮らした経験によって、**「水まわりの動線を見直すことが、生活をしやすくするカギになる」**という気づきを得たことは、設計者としての私の大きな転機になりました。

パブリックとプライベートが混在した日本の住まい

私が体験した欧米型の住まいの暮らしやすさの理由は、「パブリック・スペース」と「プライベート・スペース」を区別してつくられた間取りにあります。パブリック・スペースとは、家族共有の場所、そして来客があったときに通す場所。プライベート・スペースは、寝室、洗面室、浴室、トイレなどの個人の場所です。（20ページ間取り図参照）

いっぽう日本の住まいでは、パブリックとプライベートの区別はあまり意識されていませんが、分けるとしたらこんな感じになります。

パブリック・スペース……リビング、キッチン、ダイニング、玄関

プライベート・スペース……個室（寝室）

欧米型の間取り例

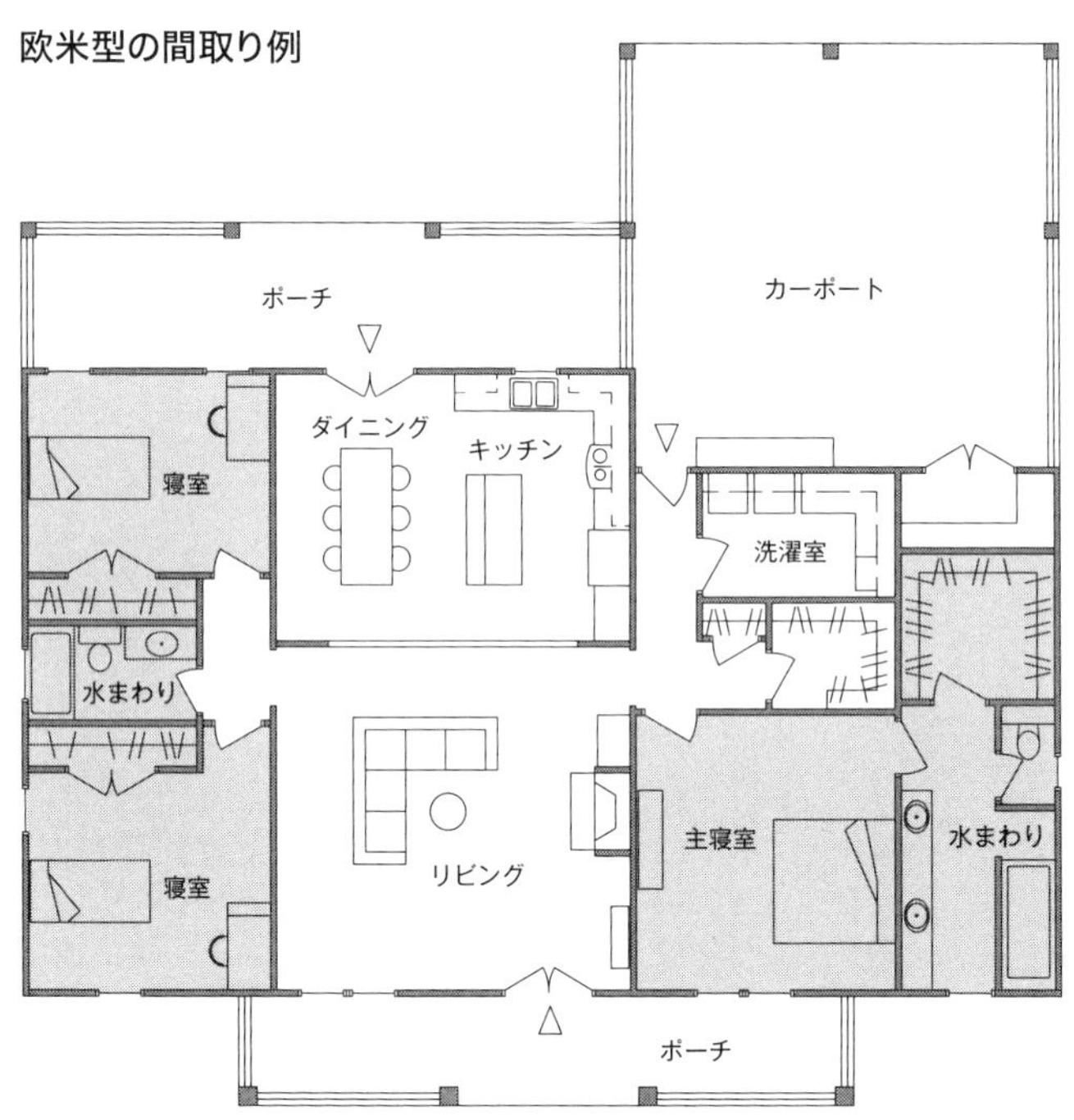

グレーの部分が、個人のための「プライベート・スペース」。「パブリック・スペース」とは区別された間取りになっている。

その中間のスペース……洗面室、トイレ、浴室

日本の洗面室は、家族が一日に何度も使う「パブリック・スペース」でありながら、複数で同時に使うことはほぼありません。ここで行うのは、洗顔をしたりメイクをしたり、着替えをしたりといったきわめてパーソナルな行動です。ひとりで使う、非常にプライベートな場所でありながら、同時に共有スペースでもあるという、いわばパブリックとプライベートが混在したスペースになっています。トイレ、浴室も同様です。

洗面室は脱衣室も兼ねているので、ほかの家族が入浴しているときは使うことができません。来客も、家族が使う洗面室やトイレ、すなわち「中間スペース」を使うことになります。

中途半端なスペースが引き起こす混乱

日本の家が快適でない大きな原因のひとつは、**パブリックでもなく、完全なプライベートでもない、この中途半端なスペースの配置にある**と私は思っています。それが、「身支度動線」を長くする原因にもなっています。

出かける準備をするときに、家の中のどこをどう動いているか思い浮かべてみてください。寝室で着替えて、洗面室で化粧をして髪の毛を整えて、また寝室に戻って、アクセサリーをつけたり必要な物をバッグに入れたりして、ようやく玄関へ。そのあいだ、家じゅうをバタバタと歩き回って、階段を昇ったり降りたり。和室と洋室が混じり合う間取りでは、スリッパを履いたり脱いだり……。出かける前に、疲れてしまうこともあります。

クローゼットや洗面室、自分の持ち物がそれぞれの個室、またはその近くにまとまっている欧米の家では、このようなことは起こりません。着替えて、化粧して、靴を履くまでの準備が、すべて自分の部屋で終えられます。

物が散らかる理由は住まいにある

プライベート・スペースとパブリック・スペースの境界があいまいという特徴のある日本の住宅の間取りは、「収納問題」にも深くかかわっています。

「いつも片づけているのに、いっこうに片づかないんです」

家づくりの打ち合わせのなかで、こんな言葉を何度聞いたことでしょう。家が片づかないことは、家の悩みのなかでも常に上位にある問題です。それが原因でストレスがたまったり、家族関係が悪くなったり、心身の健康に悪影響を及ぼすことさえあります。

「どうして片づけないの！」と家族に対して声を荒げている人もいれば、「私が片づけが苦手だから」「物を捨てられない性格だから……」と、自分を責めている人もいます。

なぜ、物が散らかるのか。この問題を、私たちはずいぶん長いこと「個人の能力の問題」「性格の問題」にしてきました。しかし実際には、**住まいのつくりが、日本人のライフスタイルの変化に追いついていない**ことに原因があるのではないかと私は思います。

パブリックとプライベートが区別されている欧米の住宅では、個人の用事が個室の中で完結し、「個人の持ち物はパブリック・スペースに持ち込まない」という習慣があります。したがって、リビング・ダイニングなどが散らかることが、あまりないのです。

いっぽうその区別があいまいな日本の住宅では、身だしなみを整えるためのさまざまなことが、共用の浴室や洗面室で行われるので、個人の持ち物が入り混じっています。しかもそこに、**充分な収納は備わっていません**。自然にあちこちに出しっぱなし、置きっぱなしにすることが増えていきます。家族の共有スペースに物があふれるのは、当然のことなのです。

急激に、大量に家の中の物が増えた

日本には、少ない物を大切に、長く使う文化がありました。昔は1枚の着物を仕立て直して、二代、三代にわたって着るのがあたりまえでしたし、ふろしきや手拭いをさまざまな用途に使いまわすなど、「小さく暮らす」ための知恵がたくさんありました。しかし、今では「個を大切にする」文化が広まり、皆で同じ物を使いまわすのではなく、各自が自分に合った自分だけの物を持つ時代になりました。

さらに、消費経済の成長とともに、私たちは多くの物を所有するようになりました。科学技術が進歩して、便利な電化製品や機能的な商品がつくられ、暮らしが快適になると同時に、家の中の物は加速度的に増えてきました。

持っている服の数もどんどん増えています。街のあちこちに100円ショップがあり、安くて便利な物がすぐに手に入ります。インターネットで商品をクリックすれば、注文したその日のうちに届きます。新しい家電は魅力的だし、娯楽の多様化に付随して使う道具も増えてきました。水も「買って飲む」人が多くなり、そのための置き場所が必要です。ときには「3個買うとお得」につられて、家にストックがあるのに買ってしまうことも。

まるで「物に振りまわされて」暮らしているように感じることはありませんか。

物は増えたが、収納は増えていない

合理的で便利な生活を追い求めるいっぽうで、決して日本の伝統や文化も捨ててしまったわけではない私たちです。洋食器だけでなくやはり和食器も使うし、洋服を着るけれど和服もなくすわけにはいきません。「季節感を大切にする」心があるので、旬の食材や料理に合わせて、使う道具や食器も変えています。塗りのお椀も、磁器も陶器も、それぞれに楽しみたいのです。

「引き出物」や「お返し」などの慣習も残っていますし、正月や節句の飾り物もしまってあります。最近では、味噌づくりや梅干しづくりなど、昔ながらの「季節の仕事」が若い世代でもブームになっていて、保存食のびんをたくさん持っている人もいます。

そのうえ、物を大切にする「もったいない文化」が、私たちには深く根づいています。たとえ安く買った物でも「まだ使える」「いつか使うかも」と、なかなか処分ができません。

にもかかわらず、日本の住宅に備えつけられた収納は、奥行きが約80センチと深くて日常的に使いづらい「押し入れタイプ」がメインです。これも、うまく収納機能が働かない理由になっています。**生活が大きく変わったのに、収納は昔の考え方のまま**という家が、いまだに多いのです。

物は増え続けているのに、収納は変わっていない。「片づけても片づけても、散らかる」家になるのは、当然のことだったのです。

しかし収納は、やみくもに増やせばいいというものではありません。物量に合った収納場所を増やすことは大切ですが、収納が大きくなりすぎると、居室のスペースが制限されてしまいます。生活空間を確保しながら、収納を増やす方法を考える必要があります。

さらに「収納が足りない」というわりに、スペースの活用ができていない人は多くいます。収納扉の前に物が積んであるけれど、収納の中はスカスカ、という家を何度も目にしてきました。

しかし、どちらの問題についても、解決方法はちゃんとあります。それについては3章で詳しく説明します。

3. 新しい暮らし方に合った住まいを考える

住まいの常識は変わっていく

これまで、欧米の間取りのよいところについていくつか述べました。しかし私は、日本の家がすべて欧米化すればいいと思っているわけではありません。ほかの文化圏の間取りのいいところを応用しながら、現代の日本人に合った住みやすいプランを考えていけば、新しい解決策が生まれ、今よりも快適で、合理的なプランはつくれるはずです。

そのための**大きなカギになるのが、水まわりの配置の見直し**です。提案の基本は、**「洗面室を含めた水まわりを、できるだけ寝室に近づける」**というプランです（3章87ページ参照）。

そのために、浴室や洗面室など水まわりの場所を、2階に設けたい場合もあります。かつて、木造住宅では、浴室を2階に設けることはできませんでした。階下への水漏れのリスクがあったからです。それを可能にしたのは、「ユニットバス」の登場です。

ユニットバスとは、防水性の高い素材を用いて天井、浴槽、床、壁などを成型しておき、現場に搬入したあとに組み立てる浴室のことです。普及のきっかけは、1964年の東京オリンピック開催でした。急ピッチでホテルを建設する必要があったためです。

ユニットバスの普及で水漏れの心配がなくなり、軽量化したこともあって、水まわりを上階に設けやすくなりました。2階建ての家の場合、洗濯物を2階のバルコニーに干す家庭も多いものですが、洗濯機を2階に置ければ、衣類の動線を2階で完結させることが可能になります。

1階にキッチンやダイニング、リビングなどのパブリック・スペースをまとめれば、プライベート・スペースとパブリック・スペースの分離ができて、暮らしやすくもなります。

20年前は、「浴室を2階にしましょう」と提案しても、すぐに納得してくれる方はあまりいませんでした。しかし今では、スタンダードなプランのひとつになりました。住まいの常識は変わっていくものだと感じています。

重要性を増した洗面スペース

快適な暮らしのためには、洗面室という重要な場所が、家の中の適切な位置にあることが必須の条件です。寝室が洗面室や浴室から離れてしまう場合には、小さくてもいいので**「もうひとつの洗面スペース」をつくることが、解決策になり得ます。**

たとえば、高齢の方の寝室をリフォームするときには、クローゼットや押し入れの一部などを活用して、自分だけの洗面スペースをつくる提案をすることがあります（3章108ページ参照）。洗面スペースが寝室に近いことは、高齢の方の生活の質を向上させることにつながります。

最近では、さらに洗面スペースの存在感が大きくなりつつあります。感染症の流行により、帰宅後の「手洗い、うがい」が重要なルーティンになったからです。

小さな子どものいる家庭で、「玄関の近くに手洗いが欲しい」という要望はときどきありました。しかし先日は、ある60代の夫婦の新築の設計で、「玄関に手洗いスペースが欲しい」という要望がありました。私は最初、「玄関に手洗いスペースを置くと見た目が悪くなる」と思いましたが、要望をかなえるため、来客から直接見えないようにルーバーで目隠しをして、手洗いスペースを設けました。（3章79ページ写真㉓、110ページ参照）

その直後に始まったのが、新型コロナウイルス感染症の流行です。来客からも「ここで手が洗えるのはいいですね」と、うらやましがられているそうです。

これからは、**「家に入る前に手を洗える間取り」が、もうひとつのスタンダードになる**のかなと感じています。

ひとりになれるスペースの大切さ

シニア世代からリフォームの相談を受ける際に、「定年を迎える夫のために書斎をつくりたい」という要望はよくあります。ですが、「妻の書斎をつくりたい」というリクエストはほとんどありません。しかし私は「妻の居場所もつくりませんか」と伝えてきました。

「ダイニングやリビングなど、居場所はたくさんあるのではないか」と思われるかもしれません。でも、リビングやダイニングは家族の場所です。子どもには個室があるのに、妻には自分だけの部屋がないことが多いのです。夫が仕事で不在がちだったときはそれでもよかったけれど、家にいてリビングを占領するようになると、妻の居場所がなくなります。

仲が良くても、やりたいことはそれぞれ違います。ずっと一緒にいると、息が詰まることもあるでしょう。共働きの夫婦でも同じです。長いあいだ、日中は別々の場所で過ごしていたのが、いつも同じ空間で過ごすとなると、お互いにストレスになることもあるでしょう。

ひとりの時間が充実していれば、家族と過ごす時間が一層楽しく感じられる気がします。家族に対して、優しい気持ちになることもできるでしょう。がまんしてストレスをため、家族関係を悪くしたり、自分の体調を崩したりしないようにするためにも、**家族それぞれに「自分の場所」が必要です。そういう時代になったのだと思います。**

「個」を大切にすることは、わがままではない

女性のなかには、「家族一緒にいることを幸せに感じるべきなのに、ひとりでいたいと思う自分はわがままなのでは」と、罪悪感をもつ人もいるようです。しかしむしろ、家族がいい関係を続けるために、「個のスペース」の確保が重要だと感じます。お互いを大切にする気持ちは、個人の尊厳が守られたうえで生まれるものだと思うからです。


私が「ひとりになれる場所」の大切さを話す理由のひとつとして、住宅設計の仕事を始めたばかりのころの、ある失敗があります。

それは、20年以上前に私が初めてリフォームを手掛けたときのこと。2階建ての一軒家で暮らす70代のNさん夫婦からの依頼でした。妻のM子さんが骨折してしばらく寝たきりになってしまい、夫がかいがいしく世話をしていました。将来の車椅子生活を見据えて、応接間だったところを夫婦の寝室にして、リビングとダイニング・キッチン、寝室をワンルームにする間取り

を考えました。夫がどこにいても、妻のようすがいつでもわかるので安心です。寝室はスクリーンで仕切ることもできますが、気配が感じられる距離です。

ふたりとも大変喜んでくださったので、私も自分のプランに満足していました。

しかしリフォームが終わり、新しい生活が始まってからしばらくしてNさんの家を訪ねたとき、M子さんにこっそりこう言われました。

「夫に見守ってもらっているのに、見張られているように感じて……。正直言って、少し息苦しいときがあるんです」

私ははっとしました。まだ人生経験の少なかった私には、「たとえ不自由な体でも、ときにはひとりになりたい」という彼女の気持ちがわからなかったのです。

この経験は、ずっと忘れられない苦い教訓となりました。

キッチンに求めるものが変わってきた

私が子育てを始めて間もないころ、「おいしいものをつくっていれば大丈夫、子育ては食べさせることだから」と、働く母親の先輩に言われたことがありました。それからはずっとその言葉を頭の片隅に置いて、どんなに忙しいときもせっせと食事やお弁当をつくりました。

20年前に自宅をつくったときも、その言葉が頭にありました。毎日、おなかをすかせて帰ってくる子どもたちに、手早く料理をつくって出すためのキッチンにしたいと思ったのです。

そのとき私が考えたベストなキッチンとは、歩かなくても手を伸ばすだけで使うものに手が届く、「飛行機のコックピットのような、コンパクトなキッチン」でした。

　通路幅が広すぎない75センチの「2列型」。電子レンジは、振り返らなくてもいいように調理スペースの上に吊るして設置。調理と片づけが同時進行できるように、食器洗い機とシンクの上に水切り棚、スパイスは壁の埋め込み棚に。煮物をしながらアイロンがけもできるようにと、奥のパントリーには引き出せるアイロン台を組み込みました。

　実際に、子育てと仕事の両立をするうえで、このキッチンにはずいぶんと助けられてきました。

　しかし子どもたちが独立して家を出た今、少し事情が変わりつつあります。というのも、子どもたちがパートナーと一緒にわが家にやってくるときなど、皆で調理や後片づけをすることが多くなったのです。さらに最近では、夫婦で一緒にキッチンに立つことも増えました。今のコンパクトなキッチンでは、人がすれ違うのもギリギリで、混み合ってしまうこともあります。そのため、現在リフォームを検討しているところです。


　実際に、最近では**「子どもと一緒に料理をしたい」「夫婦でキッチンに立てるように」**といった要望が増えてきました。キッチンが「妻だけの城」だった時代は終わり、今や**家族のコミュニケーションの場所になりつつあります**。

　逆説のようですが、「個」を大切にする時代になったからこそ、**家族がつながるための場所としてのキッチンが、新しい住まいのスタンダードを考えるうえでのカギ**になると思います。

ひとつひとつの家庭に答えは探せる

社会のあり方や家族のあり方について、皆が常識としていたものが変わってきています。ライフスタイルが多様化しつつも、新しいスタンダードが浸透してきています。それにともない、**住まいも変わっていく必要があります**。

たとえば専業主婦が少なくなり、共働きがスタンダードになったことで、誰もが「時短家事」の情報を求めています。ロボット掃除機や食器洗い乾燥機がみるみる普及し、洗濯物も、「干す」から「乾燥機で乾かす」時代へと変わりつつあります。

おもてなしが必要な来客は減り、会食などは外ですることが増えました。リビングは来客のためのスペースではなく、家族がくつろぐためのスペースになっています。

介護サービスの充実により、家で過ごせる老後が長くなったので、高齢になると和室よりもベッドのある個室を求める人が多くなっています。

また、犬も猫も室内で飼うのが普通になりました。犬猫のための食事の場所やトイレ、寝床、ときには遊び場などを家の中に設けることも多くなっています。

社会、暮らし方、家族関係、働き方、そのすべての変化への対応が、住宅にも求められてきています。「夫婦の寝室はひとつ」「浴室は1階にあるもの」といった**古い常識や束縛から解放されることで、暮らしがもっと快適になる場合があることは明らか**です。実際に、それぞれの住まいの解決策に対して「暮らしやすくなった」「前より快適になった」という声を聞けるので、私も自信をもって次への提案につなげています。

いっぽうで、人が寝て、起きて、身支度をして、料理をして、食事をしてという毎日の行為は、昔からあまり変わってはいません。**暮らしやすい間取りには普遍的なルールがある**というのも確かなことです。

社会のニーズを反映する部分と、変わらない日々の生活の部分を考えて、一つひとつの家庭に合った解答を出すことができれば、住む人のその後の人生まで変えることができる。住まいにはそんな力があると思います。

快適さを求める時代です。遠慮やがまんをする場面も少なくなり、個人の好みや自由が尊重されるようになりました。しかしいっぽうで、「譲り合い」や「みんなで共有する」という昔からの文化には、日本人ならではの美徳があると感じます。共用の部分が多いからこそ秩序が保たれ、私たちは他者への気遣いが自然にできるように育てられた面もあったのではないかと思います。

そんな**日本人らしさを大切にしながら、不便を解決するための方法は、必ず見つけられるはず**です。そのためのヒントを、次の章以降で具体的に考えていきたいと思います。

第2章 これからの生活様式に合った住まいへ

①ダイニングのカウンター収納の一部を活用した書斎コーナー。下をオープンにして、椅子を入れられるようにした。

③キッチンの背面カウンターを延長して、書斎コーナーに。吊り棚を設けて大量の本を収納した。

②キッチンの隣に設けた妻のためのスペース。左の壁はマグネットボード。背面の棚にはプリンターなどを設置。

⑤ダイニングの収納カウンター。プリンターはスライド式収納に。Wi-Fi のルーターなど周辺機器も中に収めてすっきりと。

④階段の下のデッドスペースを利用して、妻用の書斎コーナーを設けた。

⑥ダイニングのカウンター収納の両端を、妻と夫のワーキング･スペースに。適度な距離があるので居心地がいい。

⑦寝室に奥行き40センチのカウンター収納を設け、半分は下をオープンにして夫の書斎コーナーに。

⑧ダイニングの中に設けた、ブース型のワーキング･スペース。扉を閉めれば、外の音や人の声は気にならない。

⑩キッチンの中にミシンコーナーを設置。家事の合間に座ることができる。

⑨寝室の隣に設けた、妻がひとりで洋裁を楽しむための部屋。収納も充分にある。

⑫リビング・ダイニングに据えたアンティーク家具に、手作りの人形作品を飾っている。

⑪和室だった場所を、妻のための書道室にリフォーム。キッチンにも近い場所。

⑬不要になった子ども部屋を、妻の寝室にリフォーム（左）。⑭夫婦の寝室だったところを、夫だけの書斎兼寝室にした（右）。

⑮ベッドの間にある引き戸を閉めれば、寝室をふたつの空間に分けられる。閉めた状態でそれぞれのクローゼットが使える。

⑯ふたりの子どもが並んで作業できるスペース。おとながリモートワークに使用することもできる（右）。

⑰ダイニングの一角に設けたスタディ・コーナー。吊り棚に本や道具を収納できる（左）。

⑱子どもたちが成長したら２部屋に分ける予定の子ども部屋。
ドアや窓、コンセントなどの位置は、それを見越して設置。

⑲吹き抜けなので、１階と２階でお互いの気配がわかる。２階の子ども部屋には、リビング・ダイニングを見下ろせる小窓がある。

⑳キッチンとダイニングとの間に壁がないので、明るく、家族と同じ空間にいる感覚で料理ができる。

㉑２列型のキッチンの、コンロをダイニング側に設置。温かい料理をすぐテーブルに出せる。

㉒家の中心に大きなキッチンを設けた。キッチンとダイニングテーブルがつながっていて、つくる人と食べる人を分断しない間取り。

㉓シンクが2か所あるので、手分けして下ごしらえができるキッチン。料理するだけでなく、家族が集まるコミュニケーション・スペースに。

㉔ひとり暮らしの70代のマンション。生活スペースをワンルームに。寝室はスクリーンで仕切ることもできる。

㉕ベッドから手を伸ばせば届く位置に設けた小さなカウンター。眼鏡やスマートフォンが置ける（右）。

㉖洗濯機の脇に収納を設けるスペースがなかったので、壁に木枠を取りつけて、洗剤置き場をつくった（左）。

1. 自分だけの居場所をつくる

小さな空間でも自分の居場所はできる

ちょっと疲れてひと息つきたいときに、ひとりになれる場所。何かに集中できる場所。たとえ小さくてもそんな「自分だけの居場所」があれば、家はもっと居心地のいい場所になります。

ひとりのスペースが必要なのは、仕事や勉強をするためだけではありません。本を読んだり、手紙や書類を書いたり、パソコンも使います。家でする事務作業は、意外にたくさんあります。これらの作業をダイニングテーブルでする人も多いのですが、資料や道具をいちいち持ってきたり、片づけたりする手間が必要ですし、つい置きっぱなしにすることもあるでしょう。また食事中は、テーブルが使えなくなってしまいます。

「そうはいっても、現実的に個室をつくるスペースはない」と思うかもしれませんが、**半畳ほどの空間があれば自分のための居場所はつくれます**。最低限、デスクと椅子があればいいのです。デスクのそばには、ちょっとした本棚や収納スペースもあると書斎のようになります。そんな「自分だけの居場所」は、夫婦それぞれにあるのが理想です。

閉じた場所に書斎コーナーを設けた例

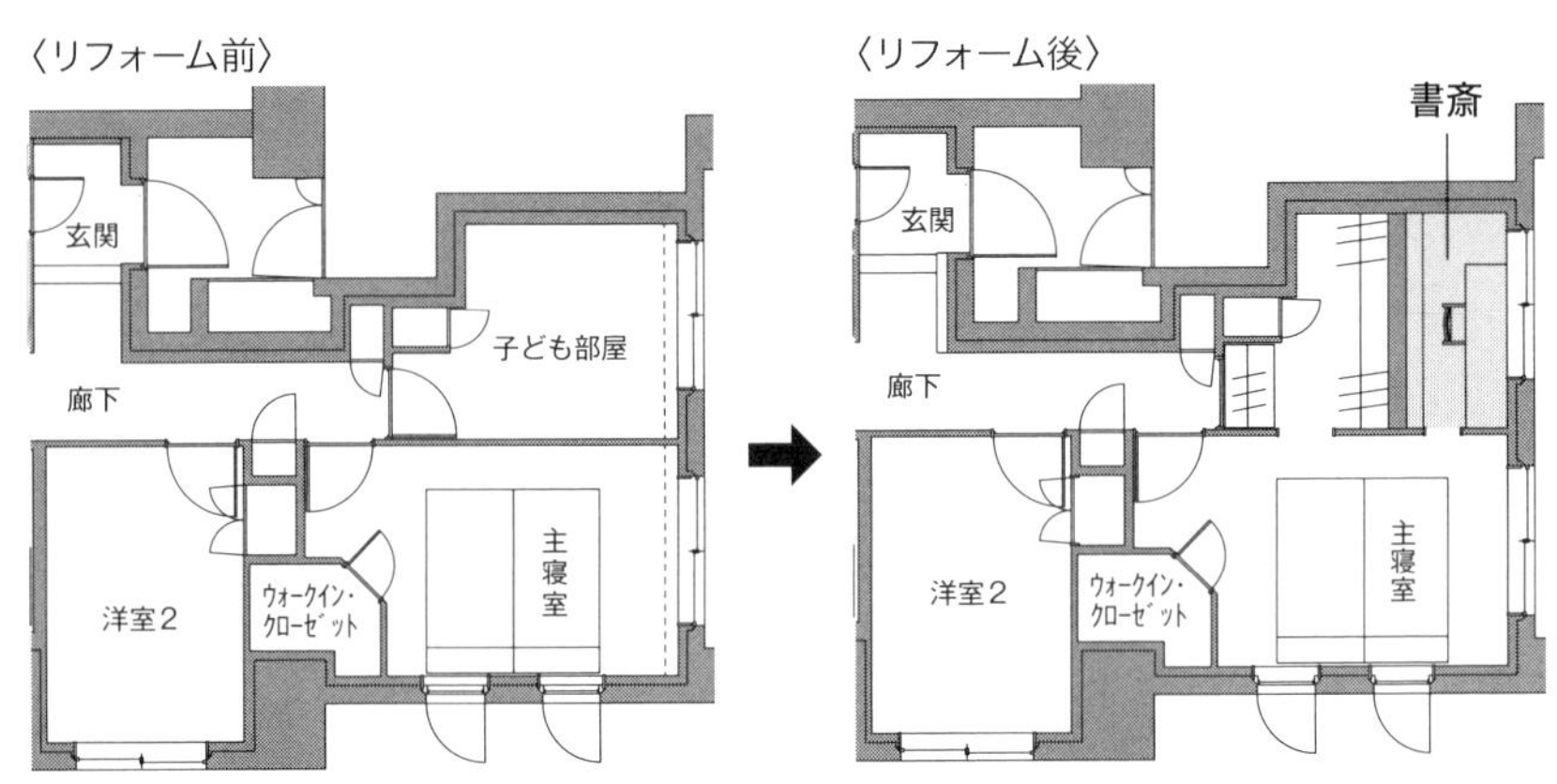

不要になった子ども部屋の壁を取り払い、クローゼットと夫の書斎を設けた。書斎の壁一面に、大容量の本棚を設けている。

夫婦が過ごす空間を分ける

空いた個室があれば、まるごと自分だけのプライベート・スペースとして使うこともできますが、個室をひとつ確保するのが難しい場合もあるでしょう。そんなときは、ダイニングやキッチンの一角、あるいは寝室の一部を書斎コーナーにしてもいいと思います。

もし夫婦ふたりともが家で仕事をする時間が長い場合は、**少なくともどちらかひとりは、ある程度閉じた空間に居場所があるのが理想**です。そうすれば、オンライン会議のときにもお互いのじゃまになることがありません。(上・間取り図参照)

パブリック・スペースに書斎コーナーを設ける

「自分だけの書斎」は、以前は、おもに仕事をリタイアしたシニア世代のためのものでした。しかし家の中でする作業やリモートワークが増えた今では、どんな世代でも、家に書斎や書斎コーナーが必要になってきています。

これらは、どこに設けるかが重要です。集中して使いたいのか、隙間時間に使いたいのかなど、目的によっても適した場所が変わってきます。

「家事の合間に使いたい」「家族が見える場所がいい」という人も、結構多くいます。そういう人の書斎コーナーの場所は、**リビングやダイニングなどパブリック・スペースの一角がいいと思います。**キッチンにいる時間が長くて、料理の合間に作業をしたいという人には、キッチンのそばに小さな書斎を設ける提案をします。（34ページ写真②③参照）

スペースに余裕がある場合は、そこに本棚も据えて、大きめの書斎コーナーにするのもいいでしょう。スペースが見つからない場合は、階段の下や踊り場などのデッドスペースを活用するという手もあります。（34ページ写真④参照）

デスクの周りには収納も必要ですが、スペースが足りない場合は、本棚を机の上の壁に取りつけることで解決できます。本棚の下に照明をつければ、さらに作業が快適になります。

パソコンや周辺機器のコード類が出ているとじゃまなので、デスクに穴を開けて下におろせば、すっきりします。壁にマグネットボードをはめ込んでおけば、簡単にメモや書類を留めることもできます。

カウンターの一部をデスクにする

「書斎をつくるスペースがない」という人に提案したいのが、**ダイニングの壁際に奥行き40センチ程度のカウンター収納を設けて、その一部をデスクにする**というプランです。デスク部分

**ダイニングにカウンターデスクを設けた例
（写真／P33-①）**

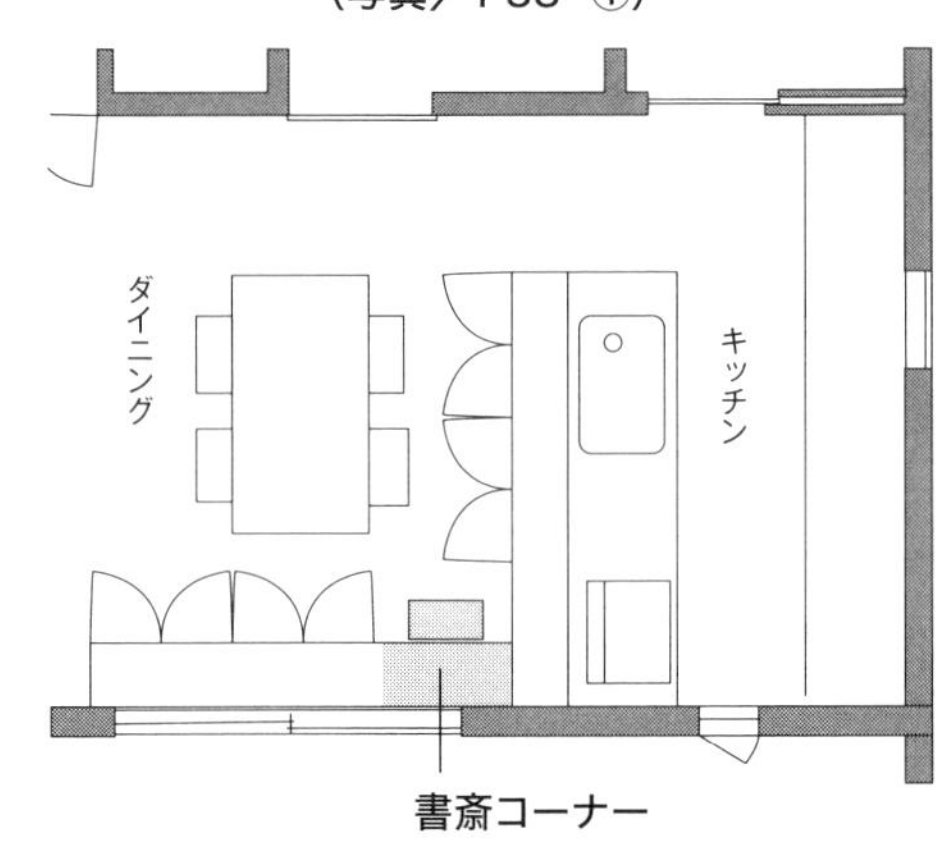

ダイニングの壁際に、奥行き40センチのカウンター収納を設けて、一部をデスクとして活用。

は下をオープンにして、椅子を入れられるようにします。（上・間取り図、33ページ写真①、35ページ写真⑥参照）

私は、以前からダイニングには必ずこのようなスペースを設けることにしていて、「パソコンスペース」と呼んでいました。これが、本書でいう「書斎コーナー」です。ダイニングの壁側に、少し高さの低いカウンター収納を長めに設けて、その一部をデスクにするのです。

カウンターとダイニングテーブルの間のスペースが狭い場合は、ダイニングの椅子をカウンターデスクと兼用にして、必要なときは椅子をくるりと回して使うというのも、合理的です。

家族がちょっとパソコンで調べものをするときに座ってもいいし、リモートワークに使うこともできます。子どもが小さいときは、勉強机にすることもできます。

必要な方には、近くにプリンター置き場を設けるようにしています。プリンターは、キャスターつきのワゴン収納や、スライド式の収納など、使いたいときだけ引き出せる収納にしておくのがいいと思います。（34ページ写真⑤参照）

このようなカウンター収納の一部を使った書斎コーナーは、ダイニング以外にもさまざまな場所で応用することが可能です。

使っていない個室を自分だけの書斎にする

子どもが独立したり、老親を見送ったりして、部屋が空いている家もあるのではないでしょうか。こういう部屋をそのままにしていたり、物置きにしていたりする人も多いようですが、もったいないと感じます。自分だけの書斎やアトリエにしてみてはいかがでしょう。ベッドやクローゼットも必要ないので、広々と使えます。

書斎にする場合は、デスクを壁に向かわせるのではなく、窓の外が見えるように置くといいと思います。広いデスクを部屋の真ん中に置いてもいいでしょう。作業するときに目の前が開けているのは、気持ちの良いものです。

書斎には、天井から床までの壁一面に、本のサイズに合わせた奥行きの棚を設置すれば、相当数の本が収納できます。

居室を確保するのが難しい場合には、寝室を書斎スペースにする方法を考えてみませんか。**寝室は日中使わない場所なので、落ち着いて読書や仕事をすることができます。家族にじゃまされることも、迷惑をかけることもありません。**35～40センチの奥行きさえあれば、書斎コーナーはつくれます。高さ70センチのカウンターを設け、下をオープンにして椅子を入れればできあがりです。（35ページ写真⑦参照）

ブース型のワーキング・スペースを設けた例
（写真／P35-⑧）

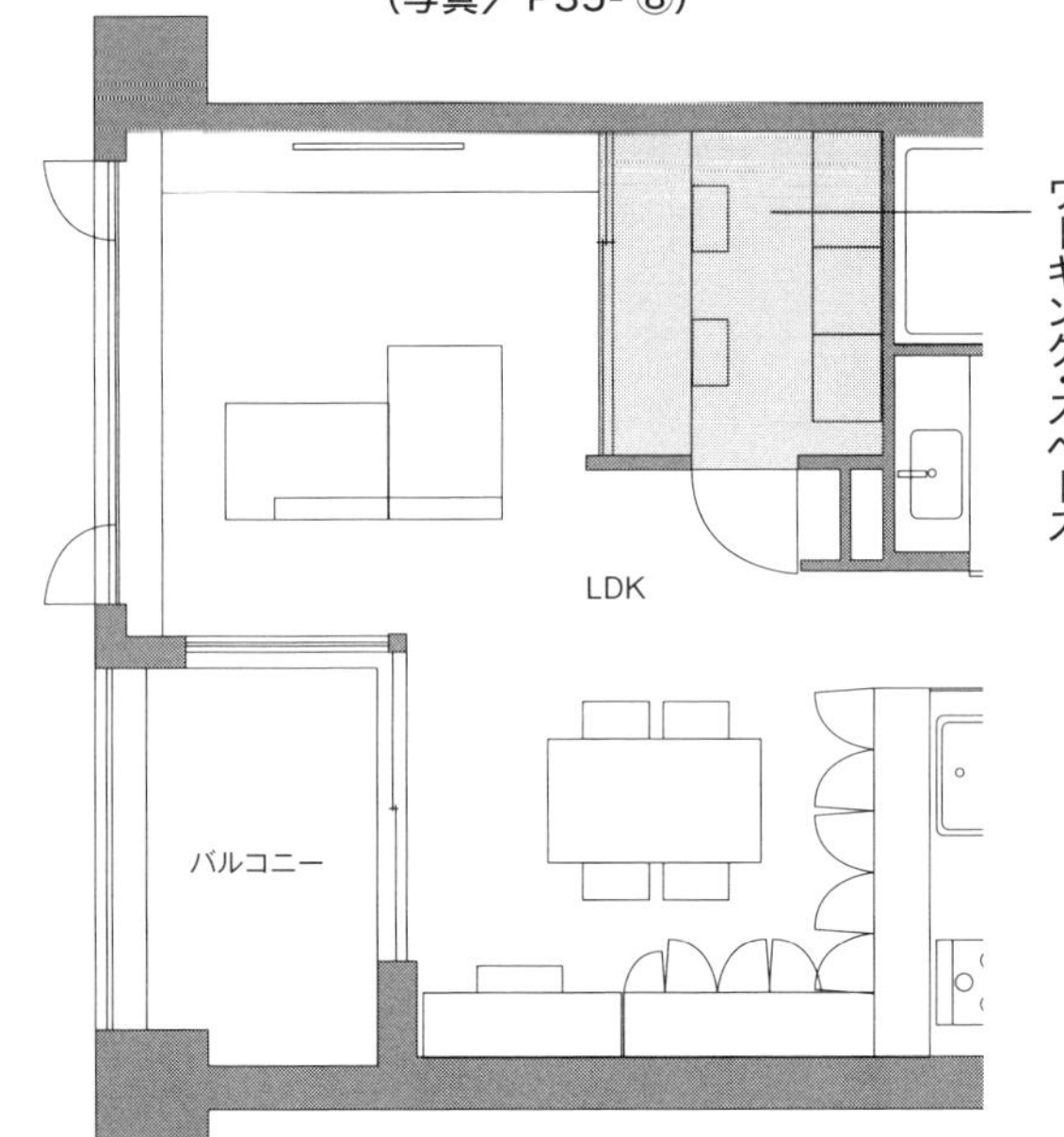

ダイニングの一角に設けた、ブース型のワーキング・スペース。ドアを閉めれば、外の音や声は気にならない。

リビング・ダイニングの一角に窓のあるブースをつくる

Kさんは、50代の共働き夫婦です。今後のふたりの暮らしに合った家にしたいと、リフォームの依頼がありました。当初の打ち合わせでは、在宅で仕事をすることになった妻のために、ダイニングの脇に、カウンターデスクと収納スペースを設ける予定でした。ところが急激に新型コロナ感染症の流行が広まったため、夫のほうも、家でリモートワークをすることが多くなったのです。

そこで、ふたりが同時に使える「ワーキング・スペース」を設置することになりました。並んで座れるカウンターデスクを設け、プリンターなども設置しました。

しかしオンライン会議をする場合には、お互いの音や声が気になります。そこで、できるだけ音を遮断するために、ワーキング・スペースをブースにすることにしました。

ふだんは、ふたりともがブースの中で仕事ができます。オンライン会議のときはひとりが外に出て、ダイニングテーブルで仕事をすれば、お互いにじゃまをすることはありません。ブースの窓には、断熱用の二重サッシに使う室内窓を設置しています。光は充分入りますし、お互いの姿は見えますが、遮音効果があるので音はある程度防げます。

このワーキング・スペースでは、壁に向かうのではなく、明るいリビングに向かって座ることができます。外の景色も見えて、一日じゅう仕事をする人には快適な環境です。（右ページ間取り図、35ページ写真⑧参照）

趣味のためのアトリエをつくる

女性にはとくに、家でできる趣味をもっている人が多くいます。自分の好きな趣味を家族に気兼ねなくできる場所があると、家にいる時間がより楽しくなります。

現実には、ダイニングテーブルに道具を広げて作業をしている人も多いと思います。しかしこれは、家が散らかる原因にもなります。また、やりたいことがあっても準備や後片づけが大変だと思うと、ついおっくうになってしまいがちです。もし専用のスペースがあれば、心おきなく趣味を楽しむことができるでしょう。ぜひ、「自分だけのアトリエ」をつくることも、考えてみてはいかがでしょうか。（36ページ写真⑨⑪参照）

私の母は、父を見送った後、ひとり暮らしをしていますが、昔からちりめん細工と日本刺繍（にほんししゅう）を趣味にしています。2階の、私の部屋だったところで作業をしていたのですが、足腰が弱り階段の昇り降りがつらくなってきたので、1階にアトリエをつくることにしました。

最初はリビングの中につくる提案をしたのですが「お客様が来たら片づけないといけないから面倒」というのです。そこで、夫婦の寝室だった広い部屋の一角に、作業できるテーブルを置き、父のクローゼットだったところを、道具や材料を入れる棚に改造しました。快適な環境で、以前にもまして好きな針仕事に没頭しているようです。

好きな趣味があると、人生は豊かになります。**「やりたい趣味を思う存分できる家」**について考えてみるのは、大いに意味があることだと思います。（36ページ写真⑨⑩⑪⑫参照）

2. 家族の快適な距離を考える

「シェアハウス型の家」が家族を救う

Sさん夫婦は、リタイア世代です。娘たちが結婚して家を出ていき、ふたり暮らしになったのをきっかけに、リフォームを考えました。

「子育ても仕事も引退した今、これからの人生を充実させたいと考えています。夫婦それぞれが自立した人間として生活していける家が理想です」と、妻のE子さんは言います。

私はふたりの希望を聞きながら、次のようなプランを提案しました。

まず、夫婦の寝室だった部屋を、夫だけの個室にしました。部屋の真ん中にベッドを置き、デスクと大きな本棚をつくりつけて、書斎と寝室を兼ねた部屋です。そして子ども部屋だったところを、妻の寝室にリフォームしました（左・間取り図、37ページ写真⑬⑭参照）。E子さんには壁紙を選んでもらい、インテリアにも本人の好みのスタイルを取り入れました。テレビも設置したので、夫と観たい番組が違うときには、ここで楽しむことができます。好きな時間まで本を読んだり、夜中に起きたりするのも自由です。

シェアハウス型の間取りの例
（写真／P37-⑬⑭）

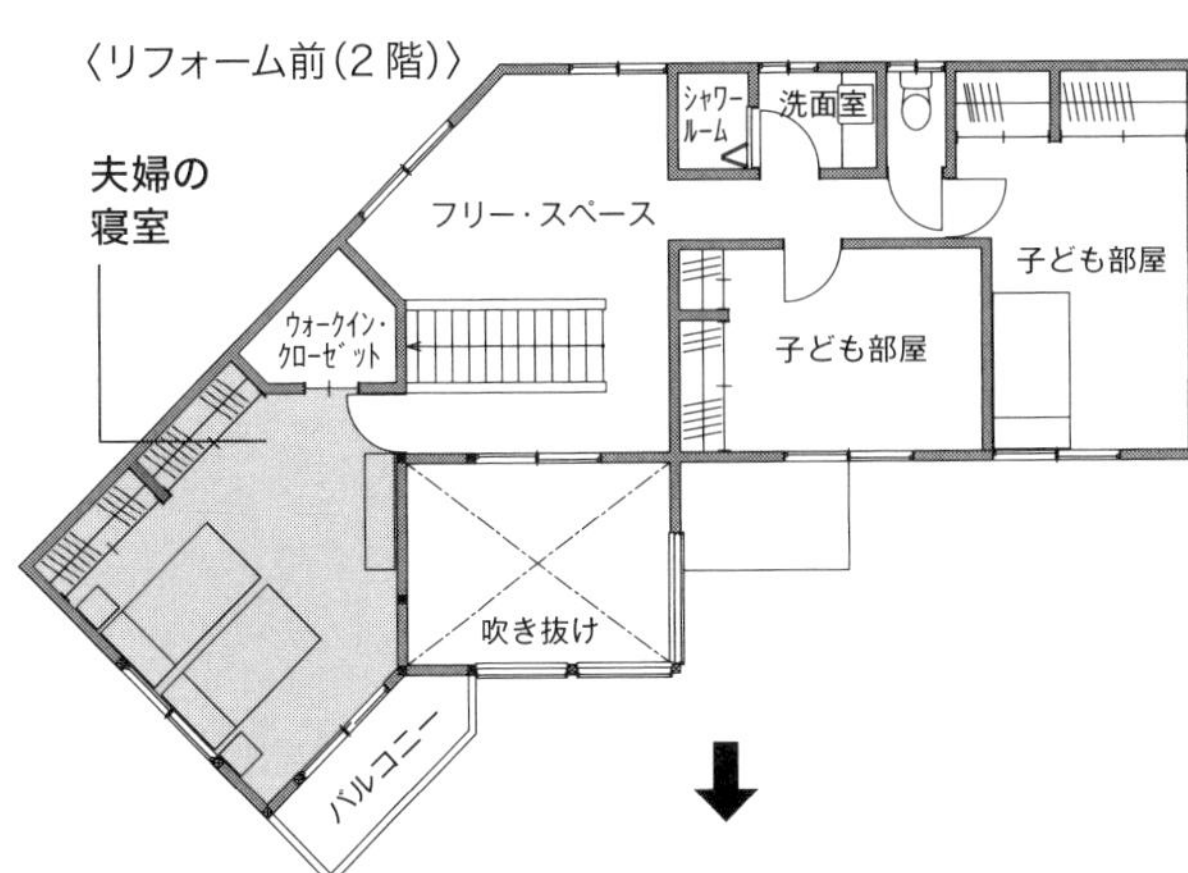

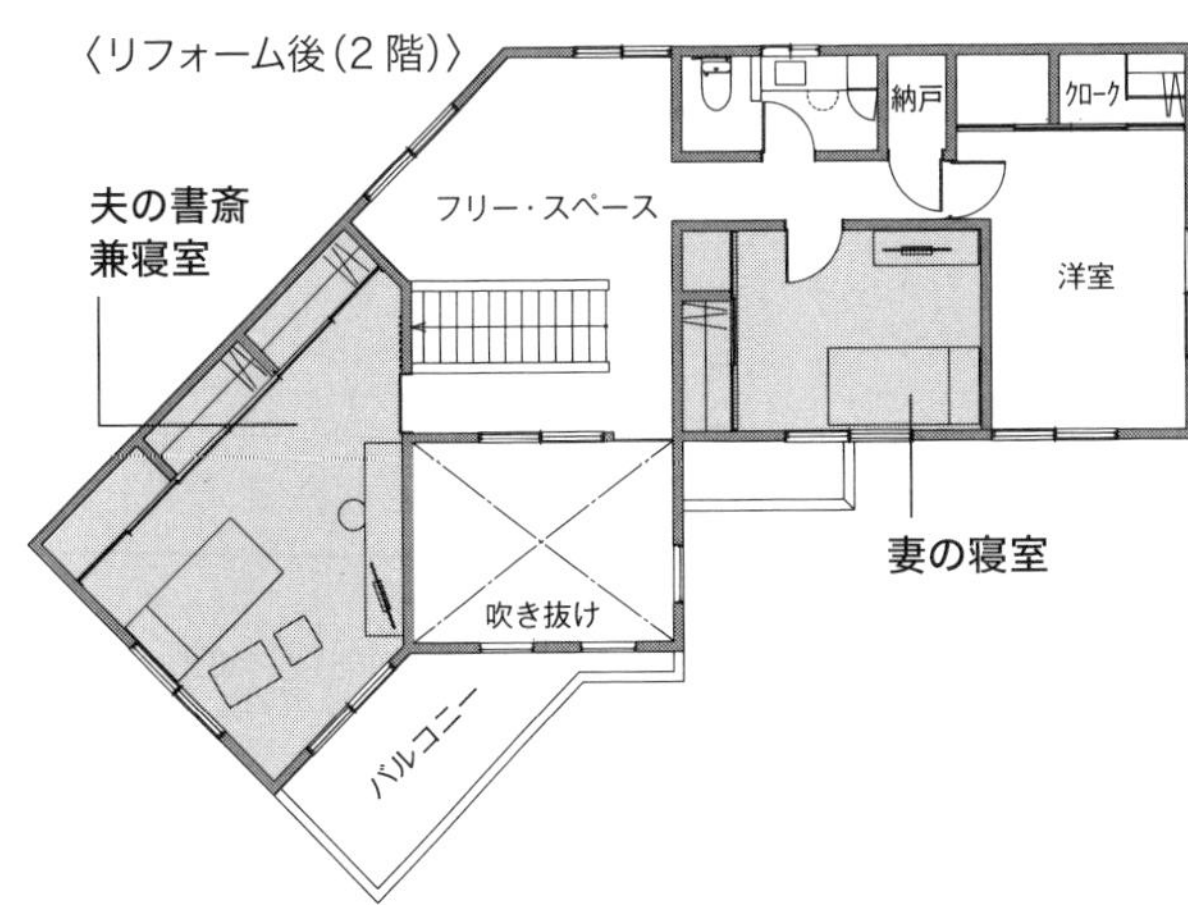

不要になった子ども部屋を、妻の寝室にリフォーム。夫婦の寝室だったところは、夫だけの書斎兼寝室にした。

最近シニア世代に、このような「シェアハウス型」のリフォームが急増しています。シェアハウスとは、ひとつの建物の中で複数の人が「共同生活」をするというもの。一般的には**キッチンやリビング、ダイニング、浴室などを共有し、プライバシー空間として個室があるというスタイル**です。

夫婦が寝室を別にすることの快適さ

46ページでご紹介したKさん夫婦は、妻が単身赴任をしていました。妻の赴任が終わって家に戻ってくることになったのをきっかけに、リフォームを決意したのです。

しかし別居生活が長かったため、お互いにひとり暮らしの快適さに慣れてしまっています。妻は夜更かしタイプですが夫は早寝早起きと、生活リズムも違います。寝る前に本を読んだり、自分の好きなテレビを観たり音楽を聴いたりする自由も欲しい。そこで、ふたつあった個室を利用して、寝室を別々に設けることにしました。それぞれの寝室には、ウォークイン・クローゼットを設けました。さらに、妻の寝室からは、ウォークイン・クローゼットを通り抜けて洗面室、浴室にも行けるようにしました。（左ページ間取り図参照）

最近ではシニア世代だけでなく若いカップルでも、「それぞれの部屋を持ちたい」「寝室を別にしたい」という要望があり、時代は変わったとつくづく感じています。

20歳から59歳までの夫婦を対象にした調査によると、同室で寝ている夫婦は全体の約7割。20代では約9割が同室ですが、50代以上は6割と、年齢を重ねるごとに寝室を別にする夫婦が増えていくようです(2017年リクルート住まいカンパニー調べ)。

この現象は日本に限らず、欧米でも起こっています。「睡眠離婚」と呼ばれ、いびきや生活時間の違いで生じる睡眠障害を防ぎ、質の良い睡眠を得て健康的な結婚生活を送るための方法といわれています。「ウォール・ストリート・ジャーナル」紙によると、アメリカの夫婦の4組に1組がベッド、もしくは寝室を別にしているのだとか。イギリスでも「いびきルーム」と呼ばれるベッドルームをつくるのがブームになっているという記事も見かけました。

夫婦の寝室を別に設けた例

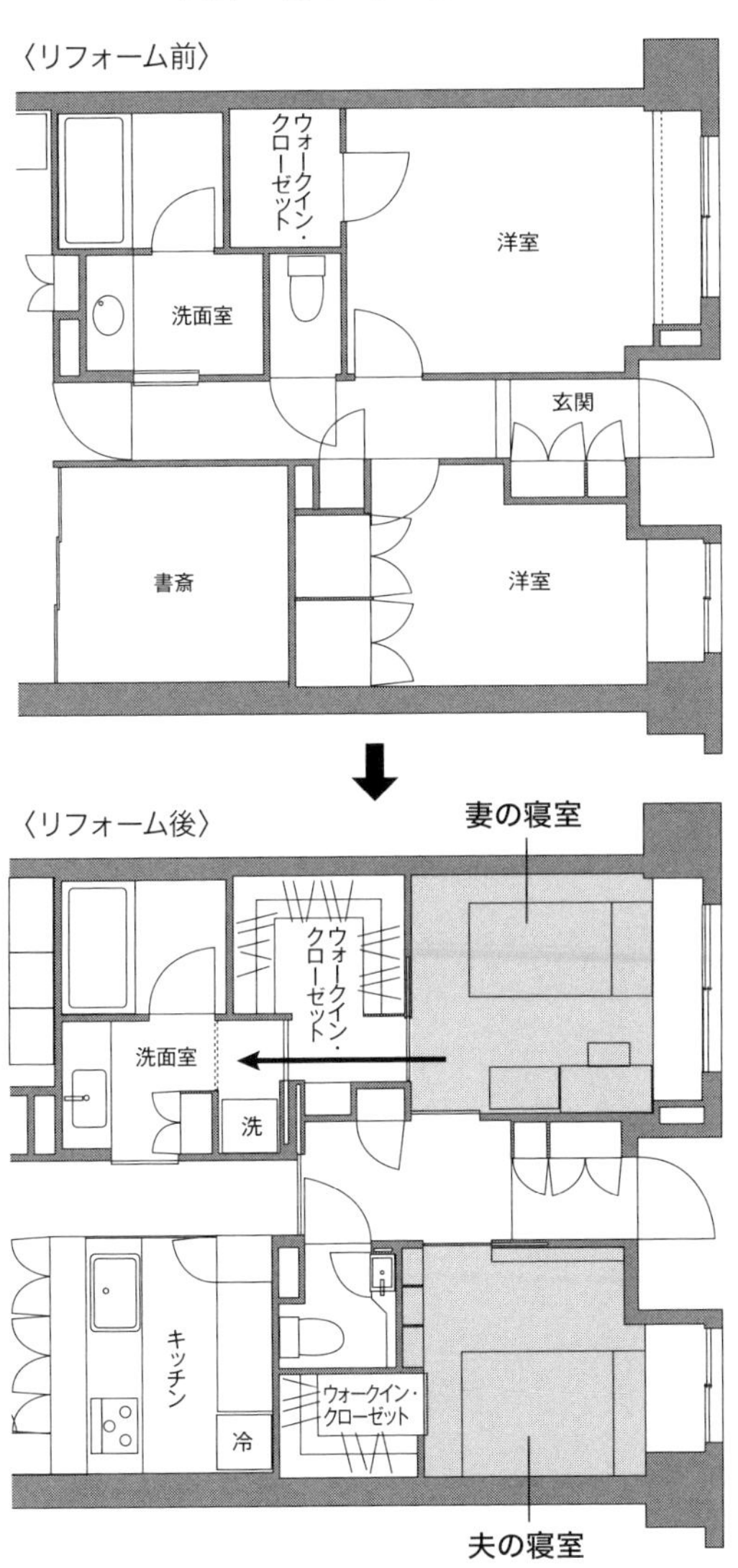

玄関を入って左が夫の寝室、右が妻の寝室。それぞれの寝室にウォークイン・クローゼットがあり、妻のクローゼットは洗面室につながっている。

夫婦がゆるくつながれる間取り

しかし、寝室を別にすると心配なのは、お互いの体調の異変に気づけなくなることです。とくに高齢だったり、夫婦のどちらかが健康に問題を抱えていたりする場合、離れた場所で休むのは不安ですし、体調を崩したときには看護もしにくいでしょう。

ひとつの解決法として、夫婦の寝室を「ゆるく仕切る」というプランがあります。ふたつのベッドの間に引き戸を閉められるようにして、寝室をふたつの空間に分けられるようにするの

夫婦の寝室をゆるく仕切った例
（写真／P37-⑮）

〈リフォーム前〉

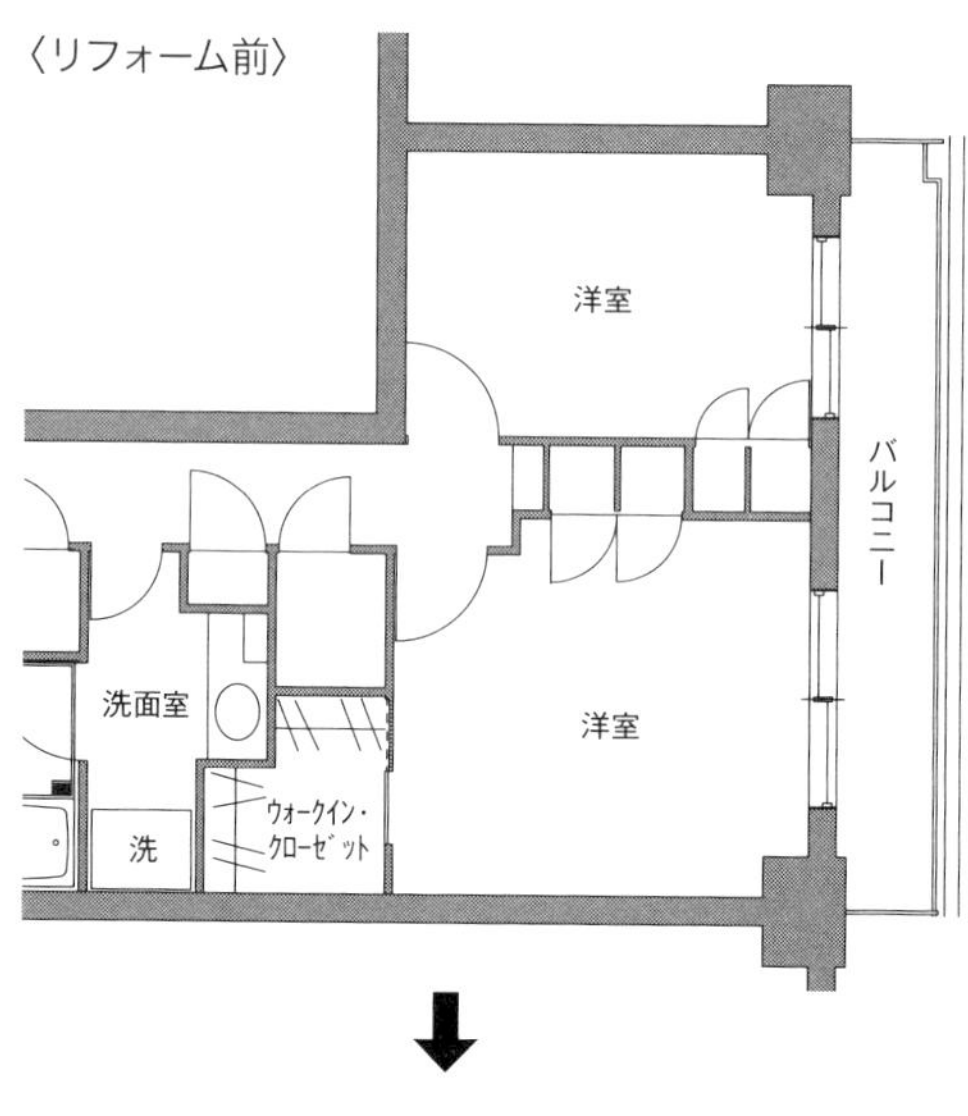

〈リフォーム後〉

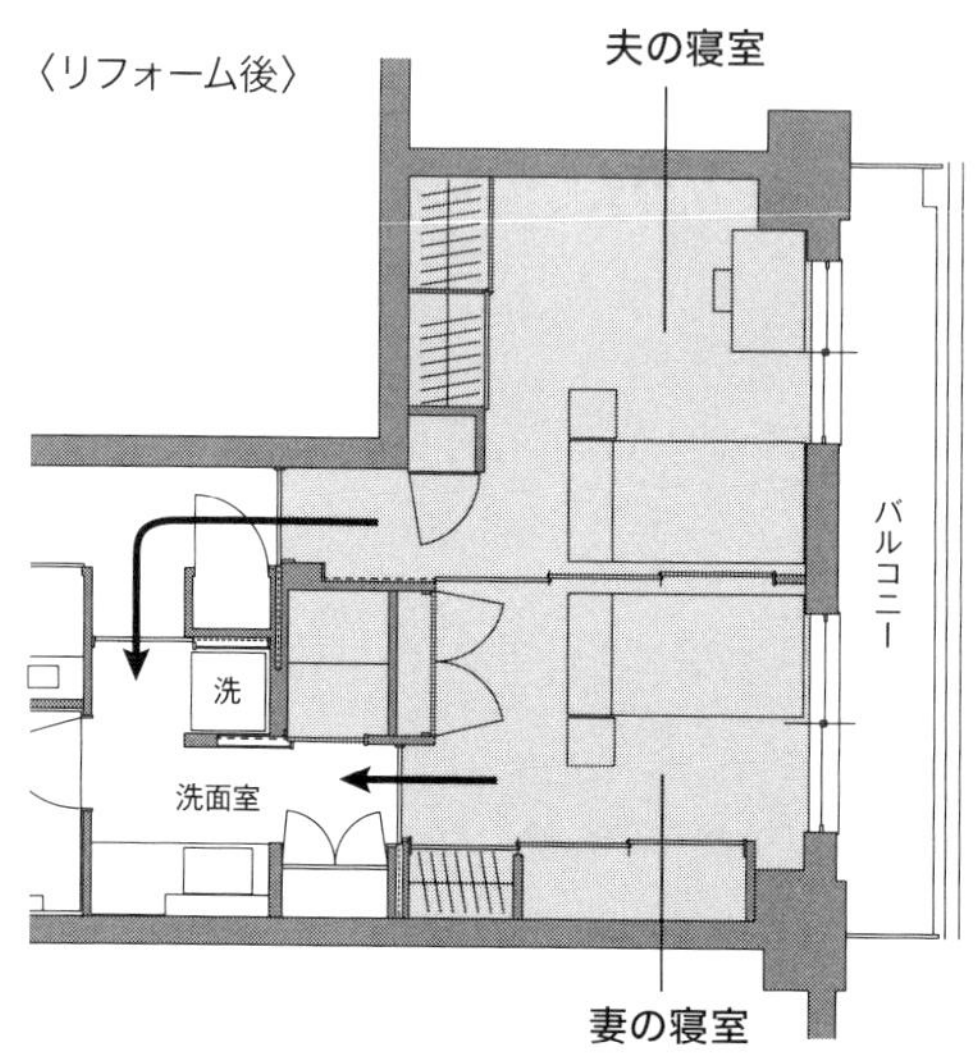

夫婦の寝室は、ベッドの間の引き戸を閉めればふたつの空間に。妻の部屋は直接洗面室につながっている。

です。引き戸を開ければひとつの寝室として使えるので、そのときどきの必要に応じて柔軟な使い方ができます。寝起きする時間が違う場合でも、ストレスが小さくなります。

このプランをつくる場合は、**クローゼットをそれぞれに設けます**。ベッドのそばにクローゼットがあれば、引き戸を閉めたままで着替えまですませられます。

さらに、引き戸を閉めた状態で、どちらの部屋からも相手の部屋を通らずに洗面室に入れるようにします。そうすれば、相手が就寝中でもじゃまをせずにトイレや洗面室を使えます。（右ページ間取り図、37ページ写真⑮参照）

家族がプライバシーを守りながらも、お互いの気配を感じられる暮らし。そのための解決策を見つけていくことが、求められているのではないでしょうか。

ダイニングのスタディ・コーナー

「子どもを、ダイニングで勉強させたい」と考える人が増えているとお伝えしました。勉強する様子を見守ることができるのは、子どもが小さいあいだは良いことだと思います。しかしダイニングテーブル上の勉強道具は、食事の際にいちいち片づけなくてはなりません。

43ページの「カウンターの一部をデスクにする」で紹介したように、ダイニングにカウンターをつくり、下をオープンにして椅子を入れるだけでスタディ・コーナーをつくれます。さらに吊り戸やカウンター下に、勉強道具や本を収納できるスペースもつくるといいと思います。

子どもが成長して個室を使うようになったら、このスタディ・コーナーは、おとなのワーキン

スタディ・コーナーを設けた例（写真／P37-⑯）

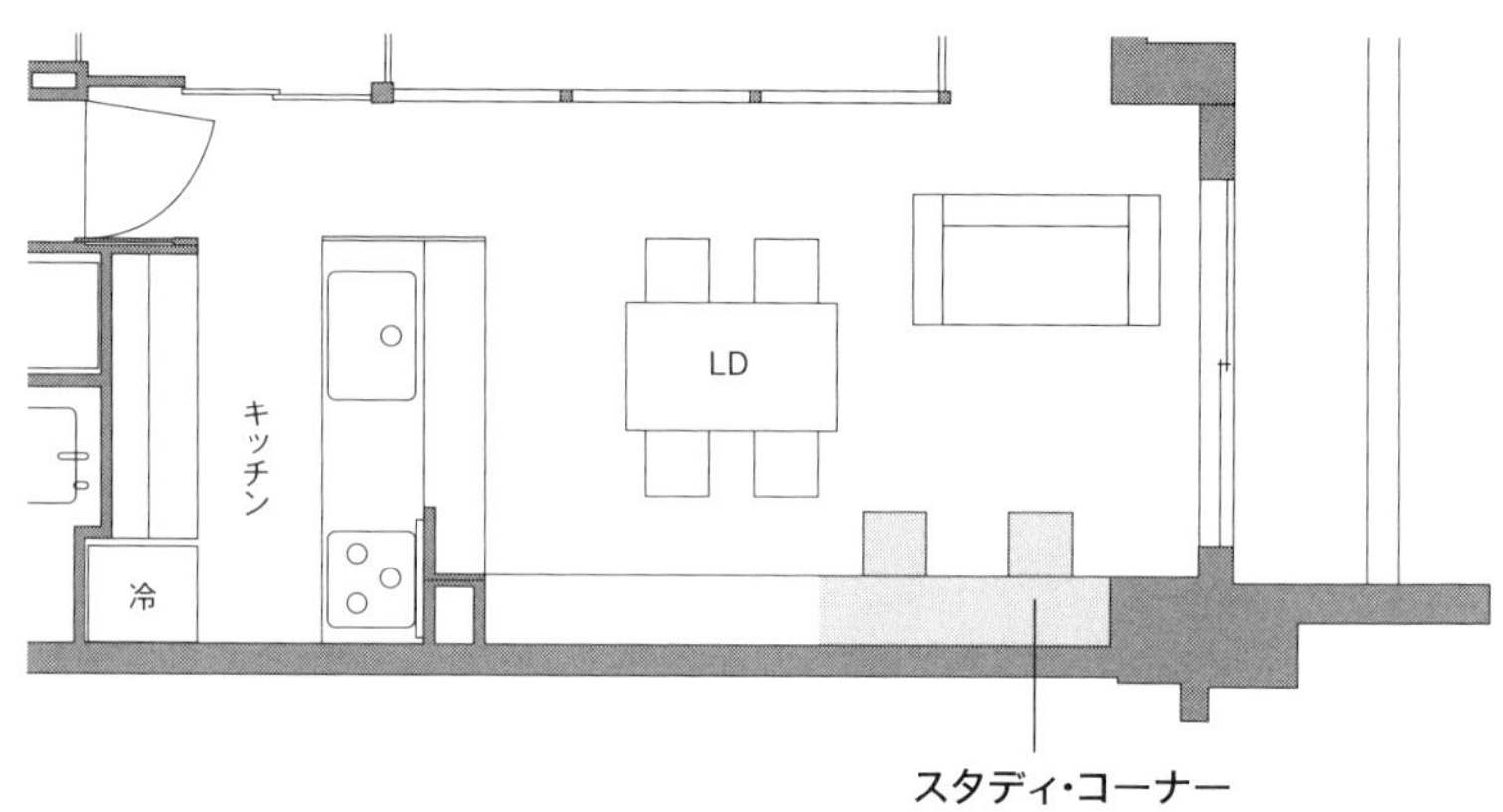

リビング・ダイニングの壁一面に設けたカウンターの一部を、子どもふたりが使えるスタディコーナーに。

グ・スペースとしても使えるので、それも念頭において設計します。（上・間取り図、37ページ写真⑯⑰参照）

ちなみに、子どもが小さいうちは勉強に使う道具以外にも、ランドセルや体操服などの学校で使う持ち物、着替えの衣類などはすべて、ダイニングに収納しておくと便利です。親が見守りながら朝の支度ができますし、物の片づけ方や、管理する方法を教えることもできます。（3章77ページ写真⑮参照）

子ども部屋はテンポラリーな空間

ある程度の年齢になると、子ども部屋が必要になります。勉強時間が長くなると、ひとりで集中できる場所が必要ですし、自分の物を自分で管理することを学ばなければなりません。何より、思春期になった子どもが家族と距離を置きたくなるのは自然なことだと思います。同性の子どもなら一緒の部屋でもいいかもしれませんが、異性なら別々の部屋を用意するのが理想です。

可変する子ども部屋の例

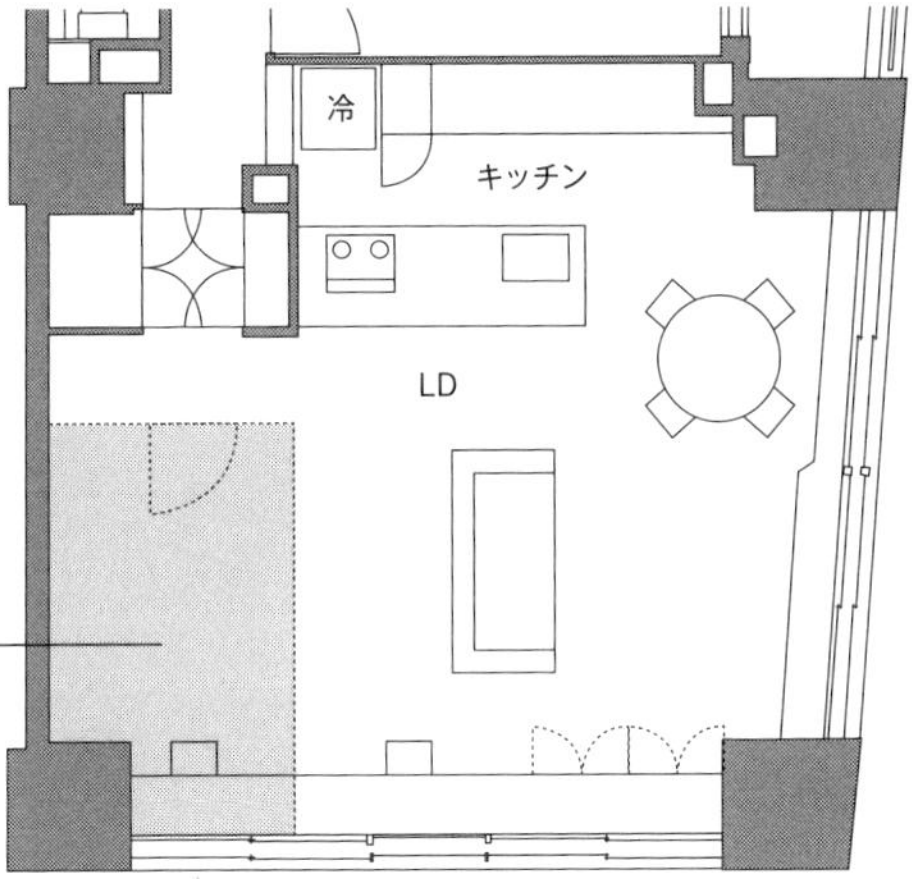

冷
キッチン
LD
子ども部屋になるスペース

子どもが成長したら、広いリビングの真ん中に間仕切り壁を立てて個室をつくる予定。カウンターデスクはそのまま勉強机に。

とはいえ、子ども部屋が必要な期間はそれほど長くありません。小学校の中学年くらいまではダイニングルームで勉強して、親と一緒に寝る子も多いでしょう。学校を卒業したらひとり暮らしを始めると考えると、子ども部屋が役に立つのはわずか10年ちょっとです。そう考えると、**「子ども部屋」は、テンポラリーな空間として考えるのが合理的です。**

個室がいらない小さいうちは、リビング・ダイニングを広めにしておいて、子どもが成長したら間仕切り壁を立てて、リビングの一部を個室にできるようにしておくのもひとつです。間仕切りは、家具を使って行うことも可能です。子どもが成長して出ていったあとは、再び広いリビング・ダイニングとして使うことができます。(上・間取り図参照)

子どもが複数いる場合には、子ども部屋を「可変する空間」にしておくという手もあります。子どもたちが小さいときは大きなひとつの部屋として使い、成長したらふたつに分けます。自立して家を出た後

は、また大きなひと部屋として使うことができます。（38ページ写真⑱参照）

この場合に気をつけたいのは、ふた部屋の間に垂れ壁を設けないことです。垂れ壁があるとどうしても、ひとつの空間には見えないからです。扉は天井から吊って、ひとつの空間として使えるようにしておきたいものです。

子ども部屋はリビングの近くに

子ども部屋は、プライバシーが守れる独立した部屋ですが、家の中で孤立した場所にはしたくありません。ドアを閉めてもなんとなく気配が感じられるように、リビングやダイニングの近くに配置するのが理想的だと思います。食事の用意ができたのが音や匂いでわかるような場所、「ご飯だよ」と呼べばすぐに来られるような場所です。

しかし現実的には、リビング・ダイニングは1階、子ども部屋は2階と分かれてしまうことも多いでしょう。そのような場合でも、吹き抜けを設けることで、ある程度つながりをもたせることは可能です。子ども部屋の壁に小さい窓が開いていて、階下からは見えないけれど、子どもからはリビングやキッチンにいるほかの家族の姿を見ることができるようにするのもひとつの手です。（38ページ写真⑲参照）

子ども部屋を設計するときには、子どもが自立して出て行った後にどう使うのか、あらかじめ考えておくとよいでしょう。

3. 家族のつながりを住まいが支える

キッチンのスタイルは変わった

住宅の設計をしていると、キッチンは、家族の変化だけではなく社会の変化を映す鏡だと実感します。

1970年代ごろに日本に台頭してきた「ダイニング・キッチン」は、台所に食事スペースを組み込んだものです。この間取りは、日本人の生活に画期的な変化をもたらしました。

「ダイニング・キッチン」の例

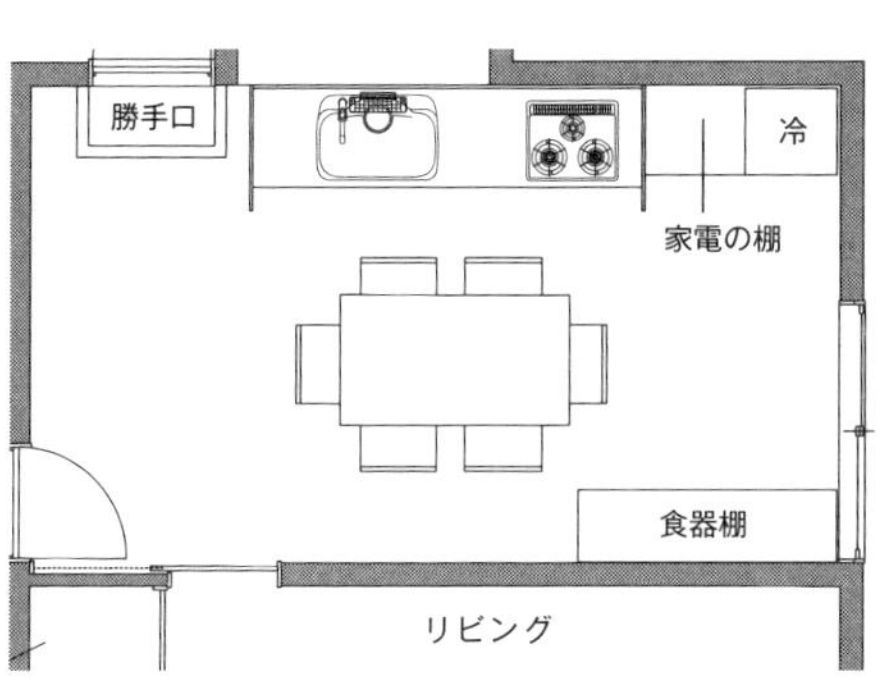

キッチンの真ん中にダイニングテーブルがあるので、調理するときに歩き回る距離が長くなる。

それ以前は、茶の間が食事をする場所でしたが、ダイニング・キッチンの登場により、料理から食事までをひと部屋ですませられるようになりました。椅子に座って食事をするスタイルが定着してきたのです。（上・間取り図参照）

このダイニング・キッチンは、「広々として使いやすい」「食事を運ぶ手間が省ける」と思われていましたが、実際には使いづらい面もありました。間取りを見てわかるように、テーブルによってキッチンが分断されてしまい、電子レンジャオーブントースターなどの家電が増えると、それらを使うためにテーブルのまわりを歩き回ることになってしまったのです。さらに、テーブルの上が調理道具の置き場になってしまったり、ただの調理台になってしまったりするという問題も起きました。

そこで次に、キッチンをダイニングから分離させた、使い勝手のいい独立型のキッチンを選ぶ人が多くなりました。キッチンとダイニングの間には壁がありますが、小窓が開いていて、ダイニングやリビングの様子が見えるので、昔のように孤独に作業する暗く寒いキッチンではなくなりました。

現在ではさらに壁が取り払われ、リビング・ダイニングとひと続きになった「オープンキッチン」が主流です。**キッチンに立っている人は、家族と会話をしたり庭を眺めたりしながら作業をすることができます。**キッチンの作業が家族にも見えるので、家族が手伝いやすいというのもメリットです。（38ページ写真⑳参照）

日の当たる場所に出たキッチン

このような明るくオープンなキッチンが可能になったのには、いくつかの要因あります。まずレンジフードの性能が良くなり、ニオイが気にならなくなったことです。コンロの前に透明な「キッチンガード」を立てることで、油が飛ぶことを防げるようにもなりました。

さらに、各メーカーのシステムキッチンの収納が充実したことで、以前はシンクの上に必ずついていた「吊り戸棚」が不要になりました。この吊り戸棚には、ザルやボウルなどを置いておく水切り棚もついていて便利なものでしたが、目線より上にあるので、収納としては使いづらいという面もありました。

キッチンや背面の収納が引き出し式になって収納量が上がってきたことで、吊り戸棚はなくてもよくなりました。さらに食器洗い機を使うようになったことで、大きな水切り棚も不要になりました。

食器洗い機は、最近ではキッチンに組み込むタイプが標準になってきたことで、キッチンがすっきり、広く使えるようになりました。

オープンキッチンには、ダイニングカウンターを少し立ち上がらせて、キッチンに立つ人の手元や散らかっている様子が見えないような「カウンタータイプ」と、複数人でキッチンを取り囲んで作業ができる「フラットオープンタイプ」があります。どちらも、ダイニング側にも収納をつけられるので便利です。家族の使い方によって選ぶと良いでしょう。

キッチンは家族のためだけの場所に

かつてキッチンが「台所」だったころは、「お客様をもてなすために料理をつくる場所」でもありました。来客がある日や、お正月や冠婚葬祭などの「ハレ」の日には、女性たちがこもって働く場所でした。大きなお盆を持って、台所とお座敷の場所を何度も往復していたものです。

しかし現在では、もてなしの必要な来客はめっきり減り、冠婚葬祭を家で行うこともほとんどなくなりました。集まりでは外食することが多くなり、**キッチンは、家族のための場所にな**

りつつあります。

休日に、子どもたちが配偶者や孫を連れて遊びに来てくれる。そんなときが現代の「ハレの日」なのかもしれません。ハレの日には、誰もがキッチンに出入りして、皆で食事を用意し、皆で食卓を囲んで楽しみます。キッチンとダイニングの境目がゆるいので、料理をつくりながら食べることもできます。

キッチンに立つ人がひとりだった時代は、「効率性」「合理性」が第一でした。しかし今や**キッチンは、ひとりで頑張る場所ではなくなりました。**そのため、通路幅は狭すぎないほうがいいでしょう。鍋や皿を持って人の後ろを通り抜けられるくらい、80センチ程度の幅は欲しいと思います。

それでも、やはり「できるだけ歩かずに作業ができる効率的なキッチン」が使いやすいことには、変わりありません。手を伸ばすだけで欲しいものに手が届く、振り向くだけで食器をしまうことができる、そんなふうであれば、むだに動き回る必要がなくなります。

つくる人と食べる人を分断しない

キッチンを配置で考えると、シンクとコンロを2列に配置する場合は、たいていはシンクをダイニング側にしています。レンジフードを壁側につけるとスッキリしますし、ダイニングのほうを向いている時間を長くできるからです。

しかし先日は、「熱々の料理をすぐ食べてもらえるようにしたい」という要望があり、2列型

家の中心にキッチンを据えた例
(写真／P39-㉒)

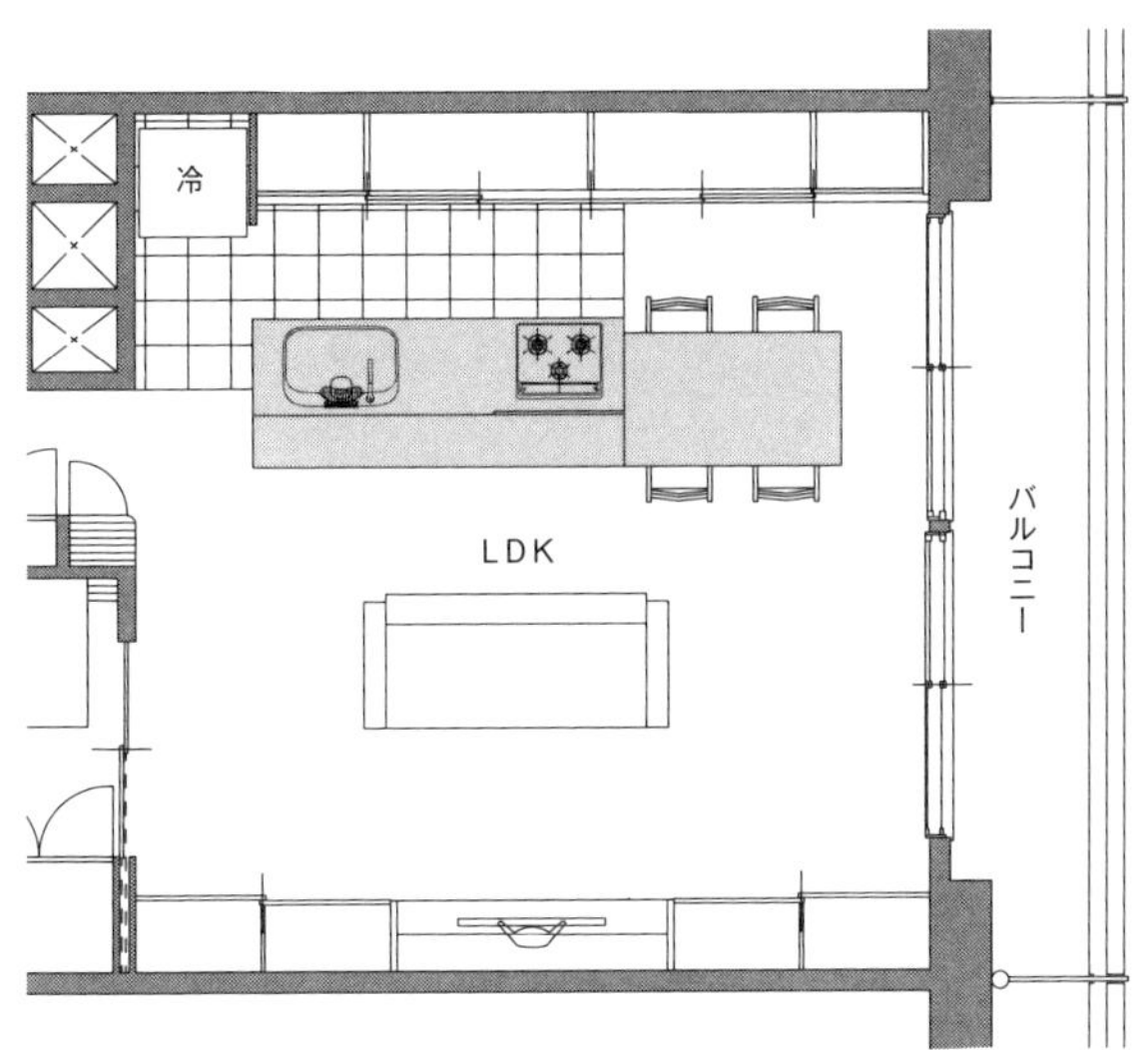

大きなキッチンカウンターをLDKの真ん中に設置。一日の長い時間をキッチンで過ごす妻の希望をかなえた。

のキッチンのコンロのほうをダイニング側に設け、シンクを壁側に設けました。さらに、コンロのある調理台と接するようにダイニングテーブルを設置したので、肉や魚を焼いたそばからすぐに配膳できるようになりました。アウトドア感覚で、つくりながら食べるというのも楽しいものです。やってみると、これはこれでいいプランだなと思いました。(39ページ写真㉑参照)

ある方からは、「キッチンを家の中心にしたい」という要望がありました。妻は料理が趣味で、一日のほとんどをキッチンで過ごすこともめずらしくないといいます。そこで、LDKの真ん中に大きなアイランドキッチンを設けることにしました。

そして、ダイニングテーブルを、キッチンとひと続きになるように配置。これもやはり、「つくりながらできたてを食べさせたい」という妻の要望です。このような間取りでは、「つくる人はキッチン、食べる人はダイニング」というふうに分断されることがなく、全員が同じ空間で、食事の時間を楽しむことができます。（61ページ間取り図、39ページ写真㉒参照）

しかしリフォームによるキッチンの移動は、家の構造によっては難しい場合もあります。マンションの場合は、とくにパイプ・スペースまでの配管のルートを考えなくてはいけません。家全体の床を上げることで解決はしますが、その分天井が低くなります。じっくり相談に乗ってもらえるところを探して、検討してみてはいかがでしょうか。

みんなで立てるキッチンが家族の絆を深める

Fさんの家は、アメリカ人の夫と日本人の妻、子ども4人の6人家族です。10年前に家を新築したのですが、子どもたちが成長したため、今の家族に合った間取りにリフォームしたいという依頼がありました。テーマは「一人ひとりを大切にする家」です。

夫婦はともに忙しく、精力的に仕事をしています。家事効率を上げるために動線を見直し、夫専用の居室、妻の作業コーナーなど、夫婦それぞれに居場所をつくりました。さらに思春期の子どもたちの居場所は、それぞれの個性を考慮しながら設けました。

F邸で特徴的なのは、リビングが2か所あることです。来客が多いので、1階にあるメインのリビングは、パブリック性の高いスペースです。そのため、子どもたちがくつろいで過ごせ

家族みんなで作業しやすいキッチンの例
（写真／P40-㉓）

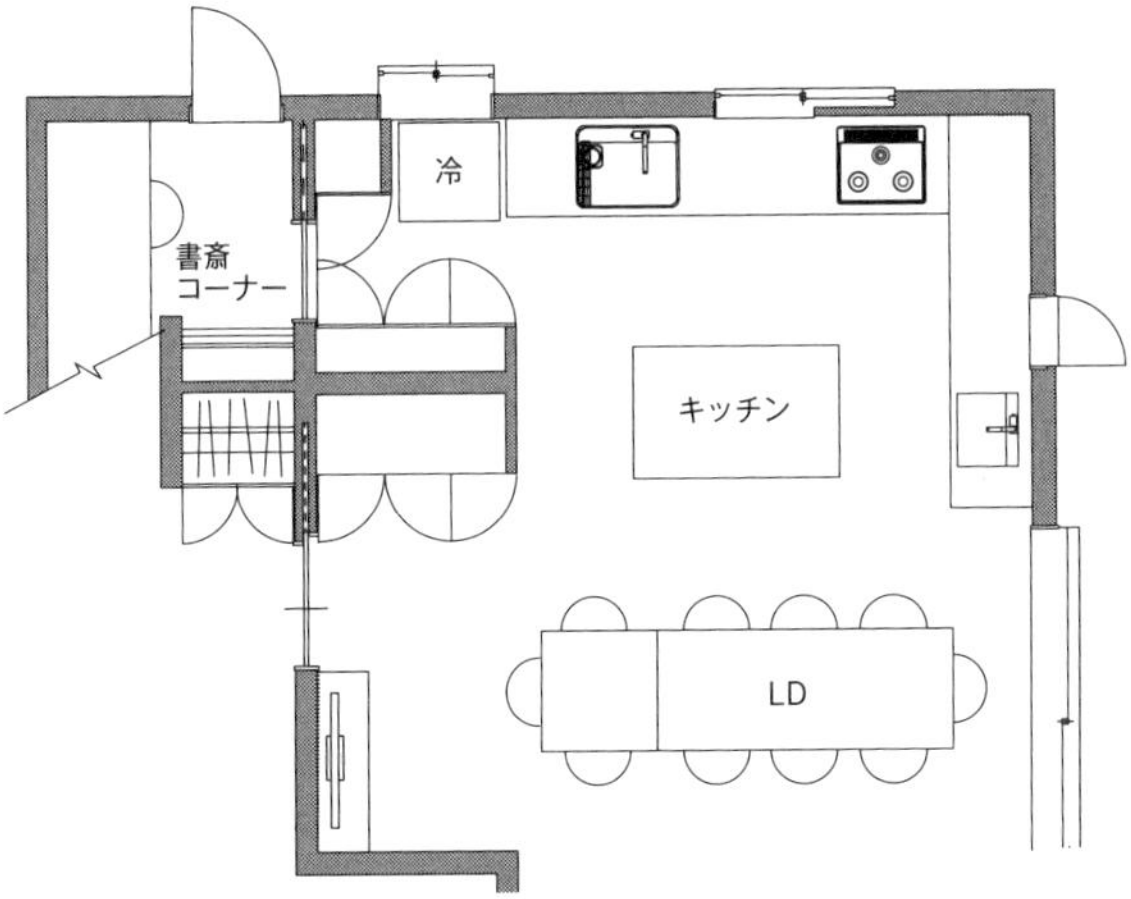

複数人で料理や片づけができるように、大小ふたつのシンクを設けた。中央にアイランドの作業台があり、回遊動線になっている。

るもうひとつのリビングを、2階にも設けました。こちらは「セカンド・リビング」と呼んでいます。おとなと子ども、来客と家族の居場所を住み分けし、さらに家族それぞれの居場所も確保できる家という考え方は、プライバシーを重視するアメリカ人だからこその感覚なのかなと新鮮に感じました。

Ｆさんがとくにこだわったのは、キッチンのつくりです。「家族みんなで料理したり片づけたりできるようにしたい」というのが、妻からの強い要望でした。**ふだんは皆が自分の世界をもち、それぞれ好きなことをしているからこそ、家族全員が集まる時間を大切にしたい**というのです。

ダイニングに続くオープンキッチンですが、広めのL字型です。中央にアイランドの作業台があって、回遊動線になっています。シンクは大小を2か所に分けて設置。複数人で調理が同時進行できます。作業台はフラットなので、あらゆる角度から皆で囲むように使えます。（63ページ間取り図、40ページ写真㉓参照）

家族の時間も、自分の時間も大切にしたい。そんな課題に対するひとつの答えが、この家で実現できたのではないかと思います。

夫婦で立つキッチン

夫婦がともにキッチンに立つことがスタンダードとなった現在では、身長差がある夫婦の場合、キッチンの高さに注意が必要です。

通常、キッチンを背が低いほうの人に合わせてつくる場合は、背が高いほうの人が調理するときに、まな板を高くして調整をします。逆に背が高い人に合わせてキッチンをつくるときは、コンロの部分だけを低くするという方法があります。コンロが高すぎると、寸胴鍋などの大きな調理用具を使うときに、中が見えにくくて不便を感じるからです。

また、身長差のある夫婦の場合、食器洗い機がおおいに助けになります。どちらかが腰をかがめたり、逆に背伸びをしたりしてシンクで洗いものをする必要がなくなりますし、洗いものから解放される暮らしは、思った以上に快適なものです。

最近では、「3つ横並びのコンロ」が登場して注目されています。3つのコンロを三角形に配置するのではなく、1列に配置してあるので、ふたりが並んで調理するときもひじがぶつからず、使いやすいのです。

夫婦が一緒に立って使いやすいキッチンを、ぜひ考えてみてください。

4. 自分を大切にする老後の暮らし

最後まで自分の家で暮らす

「人生100年時代」といわれるようになり、老後がとても長くなりました。今のように元気に動けなくなってからの人生を、どこでどう過ごすのか、考えておかなくてはなりません。

家族関係や健康状態、経済状態など人によって事情はさまざまなので、老後の住み替えに「これ」という正解はありません。大切なのは、自分が「どこでどのように過ごしたいか」だと思います。

最近では「エイジング・イン・プレイス（地域居住）という考え方が注目されています。「住み慣れた場所で、最後まで自分らしく過ごす」という意味です。要介護になってからも、最後まで自分の家で暮らしたいと思う人はたくさんいます。

介護サービスの普及や、住宅性能の進化などにより、**自立してひとりで暮らせる時間が長くなってきました**。もし、できるだけ長く自分の家で暮らしたいと思っているけれども、老後の生活には不便だと思っているなら、元気なうちにリフォームをしておくのはとてもいいことだと思います。体がうまく動かせなくなっても、安心して住める家にしておくのです。

4章で詳しく述べますが、そのためには断熱化を図って、夏は涼しく冬は暖かく過ごせるようにしておくことが重要です。「家を暖かくすると寿命が延びる」といわれています。老後に備えたリフォームをすませておけば、身体的にはもちろん、精神的にも楽になりますし、長生きも恐れることはありません。

高齢の方のなかには、「今更リフォームなんて」「あと何年生きられるかわからないのに、もったいない」と言う方も多いのですが、決してそんなことはありません。私の実家は、父が80歳のときにリフォームをしました。父はその5年後に亡くなりましたが、母や私たちが看護をするのも楽でしたし、人生最後のときを、快適な住まいで過ごすことができて幸せだと父は言っていました。

介助しやすく、安全な家にする

老後を見据えたリフォームで大切なのは、**自分だけでなく介助してくれる人にとってもやさしい間取りにしておくこと**です。要介護状態になったら、家族だけでなく、ホームヘルパーさんが家に出入りするようになります。どこに何があるのかわかりやすく収納することが大切です。そして、可能ならトイレを、介添えしやすいように、スペースに余裕をもたせたつくりにしておけるとよいでしょう。それが難しいときは、トイレの入り口を2か所にすると、介助がし

トイレにドアを２か所設けた例

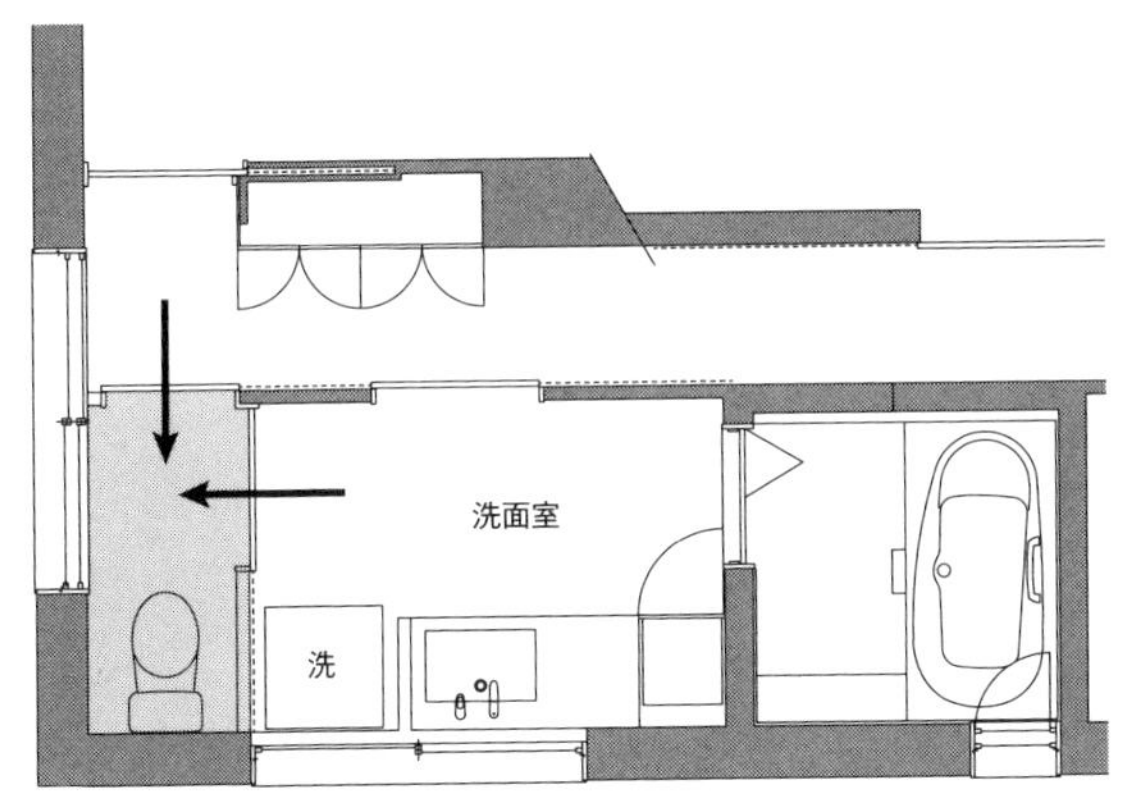

トイレには、廊下と洗面室の両方から入れるので、
介護する人が動きやすい。

やすくなります。（上・間取り図参照）

バリアフリーのリフォームでは、建具のつくりについても見直したいものです。

前後に開ける「開き戸」は、開いたときに戸が通行のじゃまになります。スムーズに開け閉めできてじゃまにならない「引き戸」に変更しておくと安心です。

ただし上吊り引き戸の場合に注意したいのが、「ソフトクローズ」という機能です。手を挟んだりする事故を防ぐため、閉まる直前にスピードがゆっくりになるしくみですが、力の弱い高齢者には開け閉めが堅くなる場合もあります。強く引っ張った拍子に転倒しないように、戸の近くに手すりを設けると安心です。

移動したり立ち上がったりする場所には、手すりが1本あるだけで、体が安定して、転びにくくなるものです。

階段、トイレ、浴室の3か所を安全に

シニアの住まいでとくに気をつけたい場所は、階段、トイレ、浴室。転倒やヒートショックなどの事故が起きやすい場所です。

階段は、人が安全に昇り降りすることができるよう、踏板面や階段の幅、蹴上げ(一段の高さ)などについて、建築基準法に規定があります。しかし高齢者にとっては、この基準をクリアしていればOKというわけではありません。段差が大きい、踏板面の奥行きが浅いなどの場合は、踏み外しや転倒の心配があります。私は、段差を20センチ以下になるように設計しています。踏板の先端に滑り止めを施したり、足元にライトを設置したりするだけでも、安全度が上がります。

階段の昇り降りが困難になった場合は、ホームエレベーターを設置したり、椅子に座ったまま階段を昇り降りできる「椅子式階段昇降機」を設置したりするという方法もありますが、それなりに費用が掛かります。可能なら、昇り降りの回数を減らすような間取りの変更も考えてみてはいかがでしょうか。

トイレは立ったり座ったりの動作が多いので、注意が必要な場所です。立ち上がった瞬間にバランスを失って倒れ、隙間の空間に挟まって出られなくなる事故があったそうです。つかまれる手すりや、立ち上がるときに手をつけるカウンターがあるだけで、安全性が高まります。

浴室は、滑りにくい床材や浴槽にして、必要な手すりを設置し、深すぎない浴槽を選びます。断熱性の高いユニットバスに変更するだけで、暖かく安全になります。二重窓にしたり、浴室

暖房を設置したりするとなおいいでしょう。

ところで、浴室の窓には「ブラインド・イン・ガラス」がおすすめです。2枚のガラスの間に、開閉できるブラインドが入っているというものです。目隠しのためのブラインドが、窓の開け閉めの際にじゃまになるようなこともありませんし、ブラインドの掃除が必要ないので、家事の負担を減らすことができます。ブラインド・イン・ガラスには二重窓用もあります。

広すぎる家で老後を暮らす場合の工夫

子どもたちが巣立って、夫婦ふたりで住むには広すぎるという家も多くあります。さらにパートナーを見送って、広い一軒家でひとり暮らしになる場合もあるでしょう。

広すぎる家は管理が大変ですし、動線が長くなって暮らしづらいというデメリットがあります。それでも、できれば住み慣れた愛着のある家に住み続けたいという人も多いと思います。そんな方のためのアイデアをご紹介します。

住みやすくするには、**ふだん使う生活空間をできるだけまとめる**ことです。生活空間とは、キッチン、ダイニング、リビング、浴室、トイレ、洗面室、そして寝室です。

たとえば寝室は2階に、キッチンやダイニングは1階にと分かれている場合は、寝室を1階に移動します。基本的に1階だけで生活できるようにすれば、動線が短くなり、階段の昇り降りも少なくなるので安心です。(70ページ間取り図参照)2階の部屋は、子どもたちや親せきが来たときだけ使う客間にすれば、掃除の回数も減らせます。

寝室の場所は、浴室、トイレ、洗面室の近くが理想的です。離れている場合は、洗面コーナーだけでも寝室のそばに追加すると、格段に生活がしやすくなります。

布団で寝ている方は、思い切ってベッドに替えるのもおすすめです。横になったり起き上

生活空間を1階にまとめた例

〈リフォーム前（1階）〉

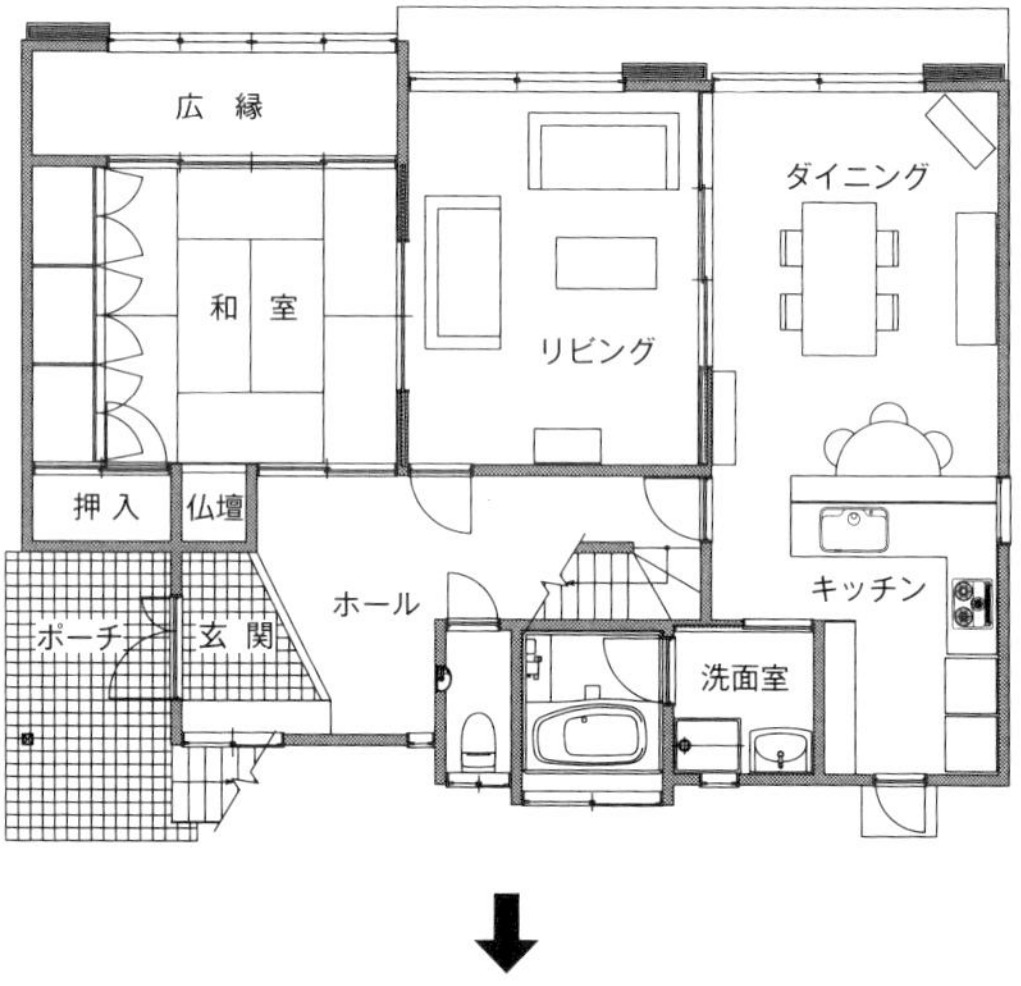

〈リフォーム後（1階）〉

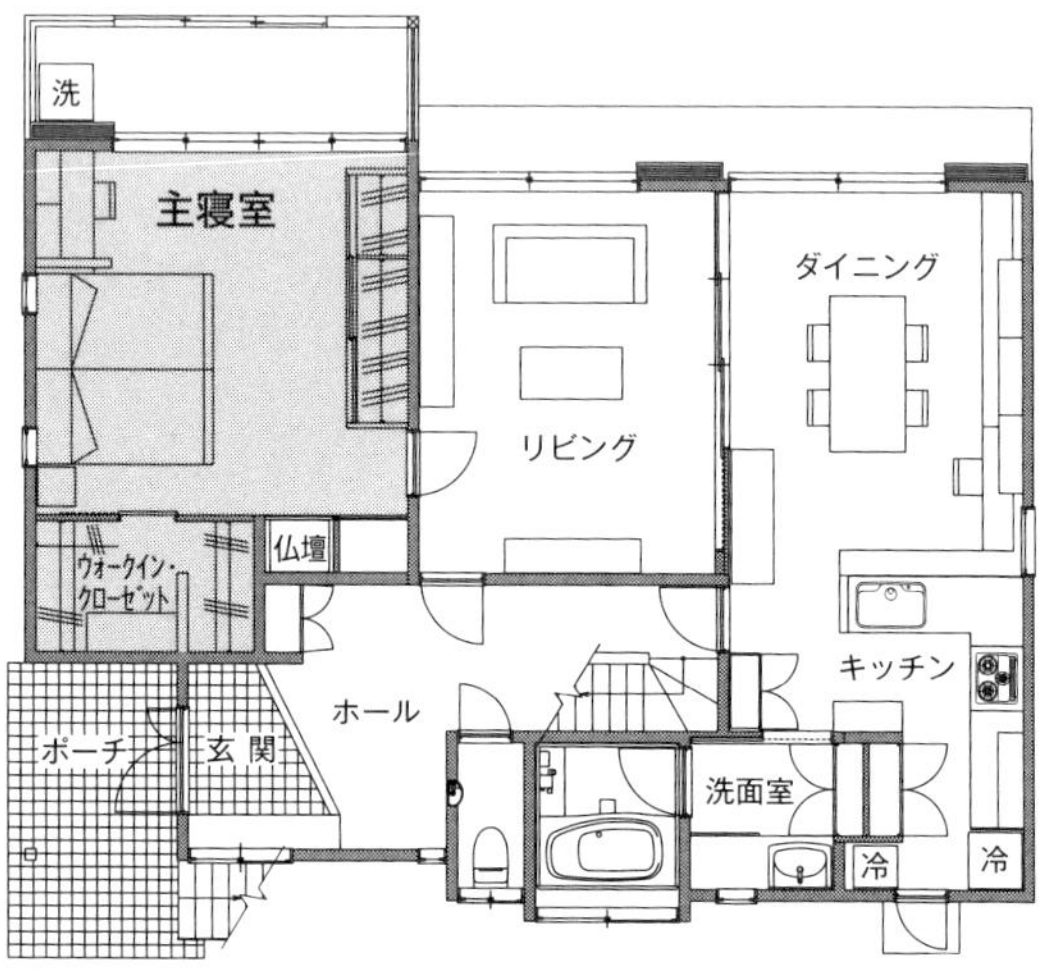

夫婦の寝室は2階にあり、水まわりへの動線が長かった。1階の和室をリフォームして夫婦の寝室に。ほぼ1階だけで生活ができるようになった。

がったりという動作が楽になりますし、将来介護が必要になった場合にも、介護する人が動きやすくなります。

広い家では、「寒さ」という問題が起こりがちです。2階があるけれど、ほとんど1階だけで暮らすという場合は、廊下にドアを追加するなどして、暖かい空気が階段から上階に逃げていかないような工夫をすることも検討してみてください。

ワンルーム・スタイルの間取り例（写真／P40-㉔）

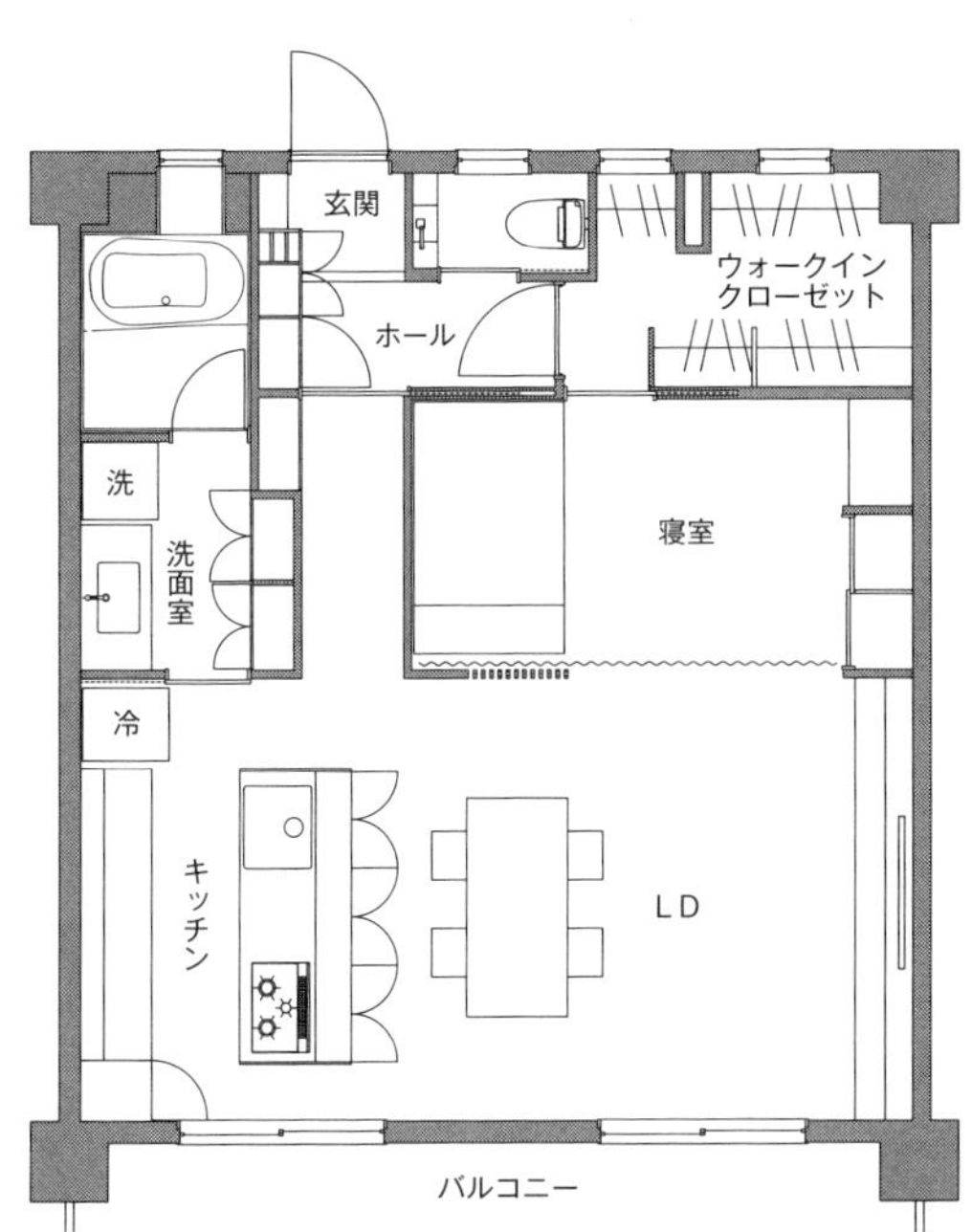

マンションでひとり暮らしのシニアの間取り例。LDKと寝室がワンルームになっていて、寝室はスクリーンで仕切ることができる。

ひとり暮らしの老後はワンルーム・スタイルで

「ひとりになったら、広い一軒家からマンションに住み替える」というのも、ひとつの選択だと思います。毎日の動線が短くなり、室内の階段の昇り降りもなくなります。

しかしマンションは、一つひとつの居室が狭く仕切られていて、ひとりでは生活しにくいこともあるかもしれません。そのような場合は思いきってリフォームをしてはいかがでしょうか。

居室の壁を取り払い、ワンルームのような間取りにすると、光が入りやすくなり、快適な空間になります。部屋と部屋の間は、背の低い家具やルーバーで仕切るといいでしょう。圧迫感のある背の高い家具は置かず、カウンタータイプの収納を設けます。

寝室も完全な個室ではなく、リビングから続いている空間にするのがおすすめです。ふだんは開け放しておけば、ワンルームのように暮らせます。来客があるときは、引き戸やロールスクリーンなどで仕切れるようにしておけばよいのです。（71ページ間取り図、40ページ写真㉔参照）

小さいカウンターが生活を楽にする

生活の様々なシーンで、手を伸ばすだけで必要な物に届くような小さいカウンターがあると快適です。

わずか8センチの奥行きのカウンターでも、ちょっとした物が置けると重宝します。たとえばベッドの脇には、スマートフォンやメガネ、目薬など、すぐに手に取りたいものが置いておけます。洗濯機の近くには、洗剤を置く場所があると便利です。

こんな小さいカウンターなら、自分でも簡単に設置できます。リフォームでは、壁を少し凹ませて収納をつくったり、出窓をつくったりすることもできます。ぜひ、小さなカウンターの威力を感じてください。（40ページ写真㉕㉖参照）

第3章 がまんの原因を取り除く

①天井から床までの大容量の玄関収納。扉を閉めれば壁と一体化して、すっきりと見える。棚板は収める物の高さに合わせて設置して、むだな空間をつくらない。

③主寝室から洗面室、浴室へとつながる「ホテルプラン」。赤ちゃんを入浴させる前後の世話もスムーズに。

②玄関の脇にコート掛けがあるので、出かける前の動線が短くなる。帰宅後も、リビングなどにコートを置きっぱなしにすることがない。

⑤洗濯機から出した衣類を一時的に掛けておける場所がある。バーの高さは使う人の身長に合わせて設置。

④クローゼットがウォークスルーになっていて、主寝室と洗面室をつないでいるので、身支度動線が短い。

⑦子ども部屋とバルコニーの間に廊下を設け、物干しパイプを設置。高窓があり、さらに部屋のドアを開け放せば、明るさが確保できる。

⑥ファミリー・クローゼットの中に洗濯機と乾燥機を設置。「洗う」から「しまう」までの衣類の動線がゼロに近づく。

⑨玄関脇に設けた、食品宅配ボックスの収納庫。上部の奥行きの浅いスペースには、カギなどを収納。その背面は隣室の収納棚にした。

⑧土間続きの納戸（シュー・クローク）。ベビーカーがそのまま入り、スーツケースやゴルフ用品なども収納できる。

⑩玄関を入ってすぐの場所にあるコート掛け。スライドバーを垂直に設け、正面向きに掛けるようにして奥行きを浅くした。

⑪洗面室に設けた、天井から床までの収納。洗面カウンターの手前には、長いタオルバーを取りつけた。

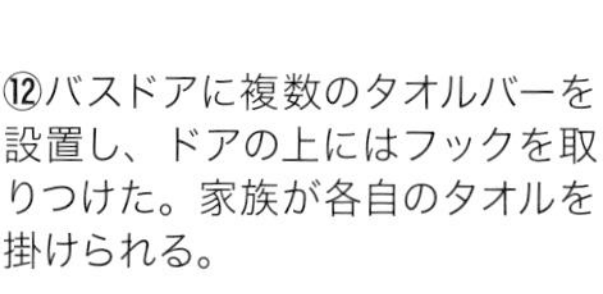

⑫バスドアに複数のタオルバーを設置し、ドアの上にはフックを取りつけた。家族が各自のタオルを掛けられる。

⑬ダイニングに収納が充実しているので、テーブルの上に何も物が出ていない状態を保てる。マガジンラックも設けている。

⑮子どもが小さいうちは、勉強道具や本は子ども部屋よりもダイニングに収納しておくほうが便利。

⑭テーブル・セッティングに必要な物やお茶の道具は、ダイニングに収納すると動線が短くなる。

⑯収納は奥行きが浅いほうが使いやすい。高密度に収納すれば、大量の物を収められる。

⑰廊下の壁一面に設けた奥行きの浅い収納で、家じゅうの物が片づく。扉を閉めれば壁のように見える。

⑱リビングの中に小上がりの畳スペースをつくり、その下を収納に活用。大きな旅行バッグなどを入れておける。

⑲収納を浮かせると、広く感じさせる効果がある。正面の収納の下の部分は、物を飾るスペースに。

⑳寝室が２階にある家族のために、２階に設けた洗面スペース。身支度動線が短くなった。

㉑二世帯同居の母親の寝室のクローゼットに設けた、個人用の洗面スペース。引き戸を閉めれば隠れてしまう。

㉓玄関を入ってすぐの場所に設けた手洗いスペース。ルーバーの壁を立て、玄関から直接見えないようにした。

㉒トイレに手洗いカウンターと鏡を設置した「パウダールーム」。動きやすいように、カウンターの下を一部オープンにした。

㉔庭から、ウッドデッキを通って家に入るときに使える手洗いスペース。リビングから直接見えないような位置に設けた。

㉕玄関脇に設けたシャワーブース。対面にクローゼットがあり、ここで着替えができる。

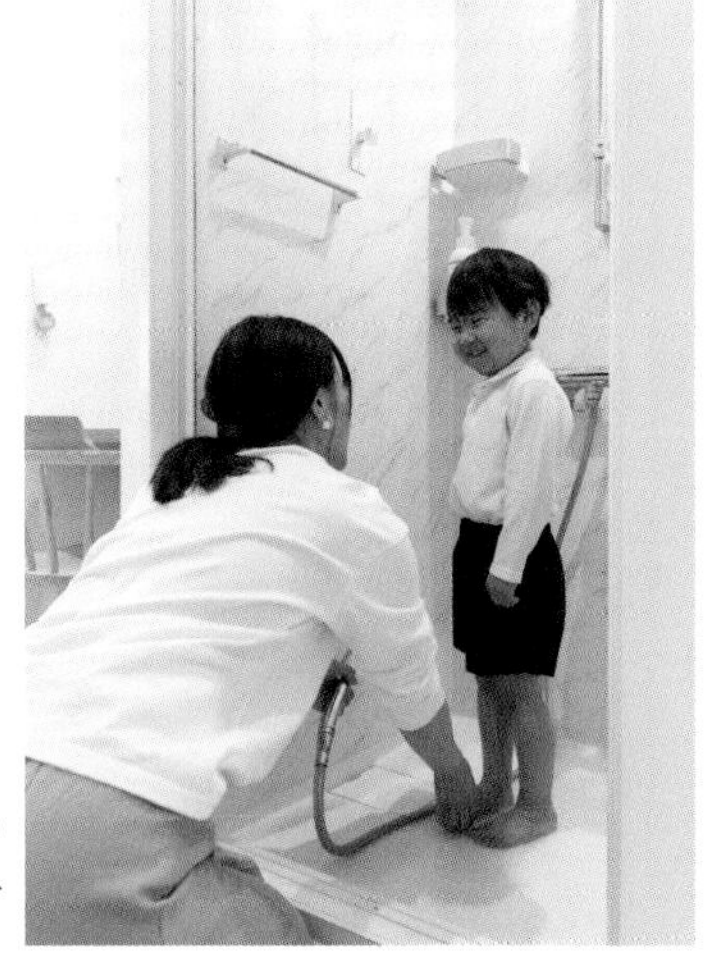

㉖幼稚園から帰った子どもも、足を洗ってから家に入ることができる。

1. 動線と収納を見直して片づくシステムをつくる

片づかないのは家に原因がある

設計を依頼してくる方のなかには、助けを求めてくる〝駆け込み型〟の人もいます。「片づかないのがいつもストレスです」「家の中がグチャグチャで、どうしたらいいのかわかりません」。こんなふうに、SOSを発してくるのです。

現在の住まいについて、時間をかけてヒアリングをしているうちに、たいていは家に問題があることがわかってきます。**間取りが、住む人に寄り添っていないと感じるのです。**

多くの人は、家が片づかないことや家事に時間がかかることを、自分のせいだと思って、自分を責めています。しかし「片づけてもすぐに散らかる」「物があふれている」「家事に時間がかかる」といった問題を抱えている住まいは、動線と収納に問題がある場合が多いのです。

「片づかないのはあなたのせいではないですよ」と言っただけで、思わず涙ぐんでしまう人もいて、深刻に悩んできたことがわかります。しかし、誰でも動線と収納のセオリーを知り、手順を追って修正していけば、必ず解決できます。

動線と収納のセオリーでどんな家でも片づく

住宅設計の仕事を始めて20年以上たちますが、いつもいちばんに考えるのは、「片づけをしなくても自然と片づく家」「家族が片づけに協力しやすい家」です。

これまで三百件近くの家を見てきましたが、実は、家の中での人の行動の仕方は、皆それほど変わらないものです。人によって「本がすごく多い」「家で仕事をしている」などのバリエーションはありますが、暮らしやすい動線と収納のセオリーは、ほとんど同じなのです。とりわけ収納については、

①収納する物と、収納する場所をきちんとマッチングさせる
②すべての物に指定席を決めて、必ずそこに戻すルールにする
③収納スペースをむだなく活かしきる

これらを理解して取り組めば、どんな家でもすっきりと片づき、散らからなくなるのです。

「わかりやすい収納」が家族を助ける

夫婦はもちろん、子どもたちにも役割を与え、家事を分担する家庭は多いと思います。

私は子どもの小学校の先生から「子どもは家事をすることで、勉強で身につくものとは別の能力を身につけることができる」という話を聞き、積極的に手伝いをさせるようになりました。洗濯物を取り込む仕事を任せたところ、娘はそれをきっかけに天気予報を気にするようになりましたし、その仕事を引き継いだ息子は、遊びに行く前に洗濯物を取り込んでおくようになり

ました。「生活力」が、生きるための賢さや知恵につながるのだと実感したのを覚えています。

今は、誰かひとりに家事を押しつける時代ではありません。そのためにも、お互いに依存することなく暮らせるようなシステムをつくるべきです。そのシステムを支えるために必要なのが「わかりやすい収納」です。「お母さん、あれ、どこにあるの?」と、いちいち聞かれていらいらする、という人はいませんか? 皆が使う物の置き場を把握しているのはひとりだけで、その人がいないとどこに何があるのかわからない……。こんな家だと、なかなか片づかないうえに、片づけ役の人だけが大変な思いをすることになります。

身支度動線、家事動線を見直す

いろいろな人と話していると、収納についての不満はすぐに出てくるのに、動線の不満はあまり出てきません。じつは、動線(間取り)に問題があるのに気づいていない人も多いのです。

動線とは、家の中で人が動くときの軌跡のことです。何かするたびに、むだに動き回らなければならない家、つまり「動線が長い家」は、快適な住まいとはいえません。動線を修正して、その動線上に収納場所を設けるだけで、とても暮らしやすくなります。

家で生じるおもな動線には、「身支度動線」と「家事動線」の2種類があります。身支度動線とは、朝起きてから出かけるまでの身支度、帰宅してから着替えるまで、そして入浴や就寝準備などの動線です。家事動線は、料理や洗濯のような家事をするときの動線です。動線が長くなると、一つひとつの作業に時間がかかり、効率が悪くなります。さらに、**動線が複雑な家は、**

散らかりやすくなる傾向があります。

家の動線を左右するのは、間取りです。プライベート・スペースとパブリック・スペースの境界があいまいという特徴のある日本の住宅の間取りが、「動線のねじれ」を引き起こしていること、そしてその見直しのカギになるのが、水まわりの動線であることは、1章でお伝えしました。この章では、見直しの具体的な方法についてご紹介します。

「家事で歩く歩数など大したことはない」「間取りを動かすのは面倒だから今のままでいい」と思うかもしれません。でも長い人生を考えると、ただ歩き回るだけの時間は、大変なむだです。実際に、間取りを改善した家で暮らしてみると、劇的に生活が変化することがわかるはずです。

動線と収納をリンクさせる

「収納を増やせば片づく」と思っている人が多いのですが、そうではありません。いちばん大切なのは、「動線上の最適な場所に、収納を設けること」。動線と収納がリンクして、はじめて効果があるのです。

私はいつも設計の最初に、住む人がどんな暮らしをしているのか、どの部屋で誰が何をしているのかを、時間をかけてじっくり聞き取りします。ときには日常のこまごまとしたことまで話が及ぶことがありますが、具体的に話してもらうほど、設計はスムーズにいきます。

このときに必ず行うのが、現状の「物と収納」の状態を把握するために、すべての部屋の様子と、収納の中の写真を撮ることです。それらの写真を依頼主と一緒に見ながら、残す物を選び、必要な収納を考えていきます。この作業を私の事務所では「収納診断」と呼んでいます。「片づかない」という悩みを抱えている人の収納診断をしていると、「どうしてここにこれを収納しているんですか？」とききたくなる物が、必ずあちこちに出てきます。使う場所から離れたところに、物が収納してあることが多いのです。本人も、「そう言われればそうですね、どうしてなんだろう……」と、答えに困っています。

使いたいときに、ほかの部屋までわざわざ取りに行かなくてはいけない。使い終わったら、元の場所まで戻しに行かなくてはいけない。その手間や時間が生活の効率を悪くします。それが、家が片づかない大きな原因にもなっているのです。

生活行動に合った場所に物を収納するだけで、自然に片づきやすい家になり、ストレスもなくなります。たとえば、洗面室（脱衣室）に下着やパジャマを収納しておくスペースがあれば、入浴のたびに着替えを取りに行く手間がなくなり、動線が短くなります。玄関からリビングに行く途中にコート掛けがあれば、コートをリビングに持ち込むことがなくなり、「置きっぱなし」が減らせます。（74ページ写真②参照）

しかし、いくら「動線に合った場所に収納を」とアドバイスしても、いったん決めた場所をなかなか変えようとしない人もいます。「昔からここに置いているから」「ぴったり収まっているから」などと、それぞれの理屈があるようです。ところがこういう人ほど、いったんセオリーを理解してスイッチが入ると、修正が早いものです。

思い込みを捨てて、新しいやり方を取り入れてみることで、暮らしは変わります。そして快適な状態がわかると、もう二度と元の生活には戻れなくなるのです。

住み心地のいい家になる5つの条件

これまで多くの家を設計してきた経験から、動線と収納を見直して住み心地のいい家にするために必要な条件は、次の5つだと思っています。

①洗面室や浴室に寝室（個室）を近づける

水まわりが寝室に近いと、朝晩の身支度動線が短くなり、日常生活がとても楽になります。

②衣類の家事動線を短くする

衣類を脱いでからまた着るまでには、洗う、乾かす、取り込む、たたむなどの一連の作業がありますが、それぞれの作業間の移動距離が短ければ短いほど、家事の効率は上がります。

③3つの場所に充分な収納を設ける

玄関／洗面室／ダイニングルーム

この3か所では、さまざまなことを行ないます。使う場所＝しまう場所と考えると、ここにたっぷりの収納があれば、片づけ問題のほとんどが解決するといっても過言ではありません。

④収納の空間稼働率を上げる

空間を最大限に使う「高密度収納」や、通路としてしか使っていないスペースに浅い収納を設けることで、居住スペースを犠牲にしなくても、あふれている物が一気に片づきます。

⑤洗面、手洗いコーナーを増やす

新しい生活様式の大事な課題は、「個」を大切にすること、そして衛生的な暮らしです。これからのスタンダードになりうる洗面や手洗いコーナーの増設で、住み心地がおおいに良くなります。

では、それぞれの条件の整え方について、以下で詳細に説明しましょう。

2. 住み心地のいい家になる条件①
洗面室や浴室に寝室（個室）を近づける

「ホテルプラン」で快適に

新築でもリフォームでも、「洗面室のリセット」は、重要度が高いテーマです。具体的な考え方のひとつが、**「洗面室を含めた水まわりを、できるだけ寝室に近づける」ということ**です。

洗面室は、洗顔、メイク、脱衣など、きわめてパーソナルな行動をする場所です。とはいえ、欧米のように各個室にバスルームがあるような間取りは、日本の住宅事情では難しいですし、入浴の仕方など生活習慣も違うので、そのまま採用するわけにはいきません。

しかし、寝室に水まわりを近づけたり、寝室と洗面室を隣り合わせに設計してドアでつないだりすることはできます。その快適さは、実際に暮らしてみるとわかります。

このように寝室と洗面室、浴室を連続させたホテルの客室のような間取りを、私は「ホテルプ

「ホテルプラン」の例
（写真／P74-③）

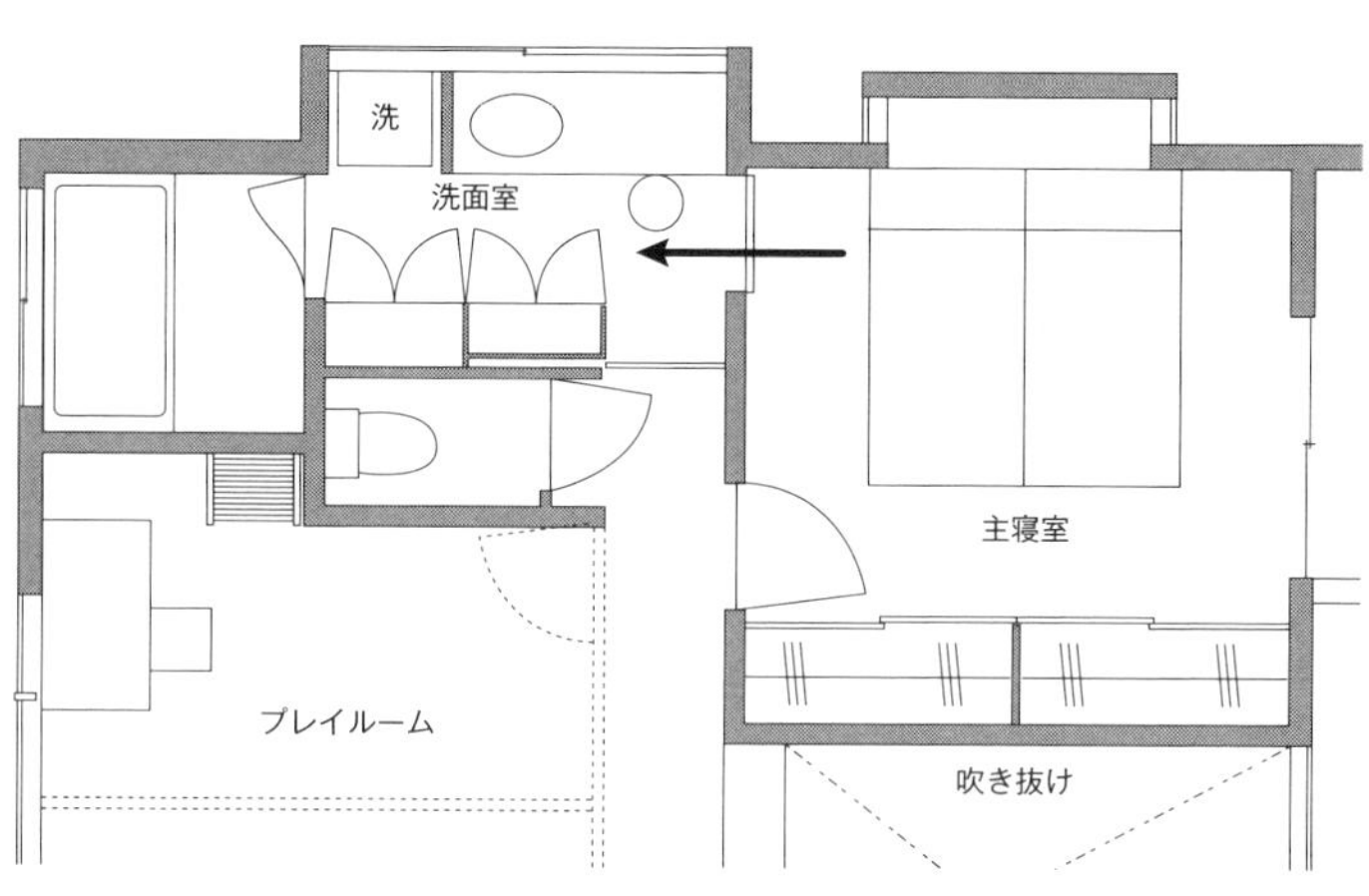

主寝室から洗面室、浴室へとつながっている間取り。身支度動線が短くなり、着替えを手伝う小さい子どもがいる家ではとくに便利。

ラン」と呼んでいます。（上・間取り図、74ページ写真③参照）

2階建てなどでは、寝室が2階で浴室が1階と分かれていて、近づけることが難しい場合もあります。その場合は、寝室の近くに洗面台とトイレだけでも設けられれば、かなり快適になります。（左ページ上・間取り図参照）

50ページでも紹介しましたが、クローゼットがウォークスルーになっていて、洗面室と寝室をつないでいる間取りも、快適です。朝晩の身支度動線を考えてみても、寝室、洗面室、クローゼットが近くにあることで、効率的に動けることがわかるでしょう。（左ページ下・間取り図、74ページ写真④参照）

ホテルプランを実現するために、リフォームによって水まわりの移動をしたい場合、戸建てならある程度自由がきくのですが、マンションの場合は制約が出てきます。排気のダクト口、パイプスペースの位置を変えられないので、浴室やキッチンの換気扇、水まわりの給水・排水のルートが確保できるのかどうかがポイントになります。工務店などに「移動は難しい」と言われてあきらめたという話も聞きますが、工夫次第で移動が可能になることはあります。たとえば床下を数センチ上げたり、収納やカウンターをつくってその中に配管を通すという方法です。**水まわりの移動が可能になると、プランの自由度が大きくなり、驚くほどの効果があります。**

2階に洗面台つきトイレを設けた例

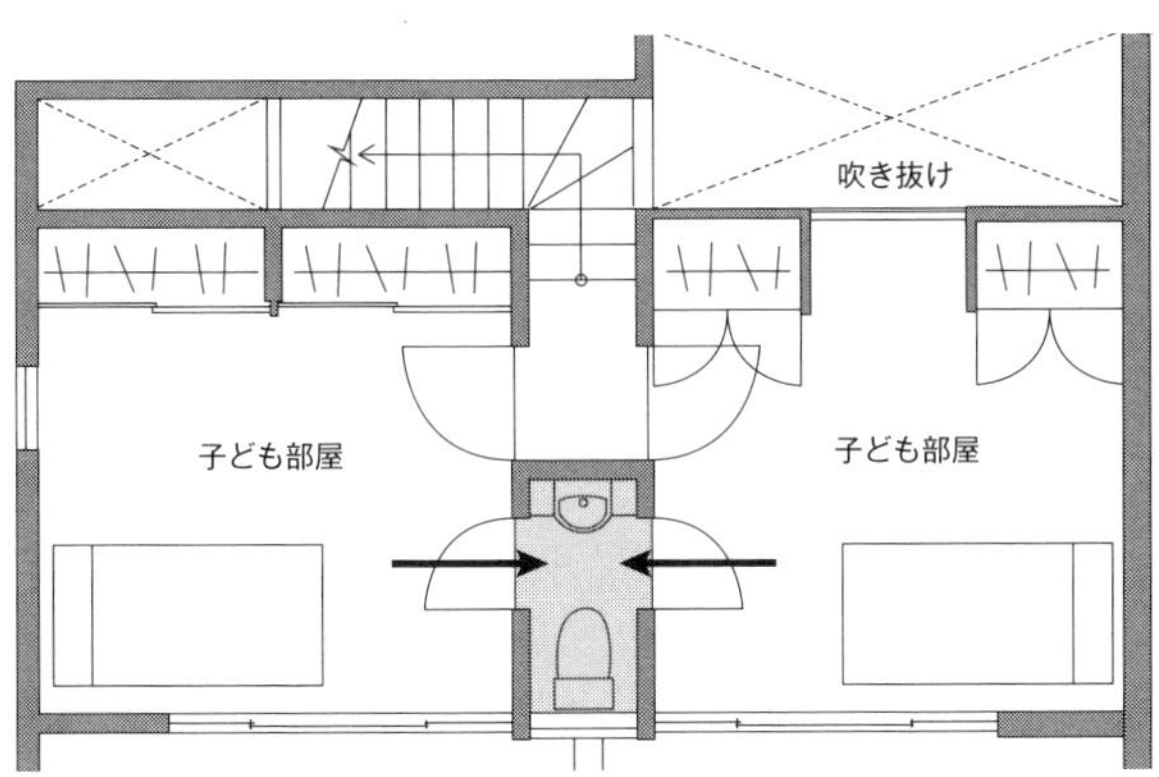

洗面台つきのトイレを、ふたつの子ども部屋の間に設け、ドアを両方につけてどちらからも直接入れるようにした。

寝室からクローゼットを通って洗面室に行ける間取りの例（写真／P74-④）

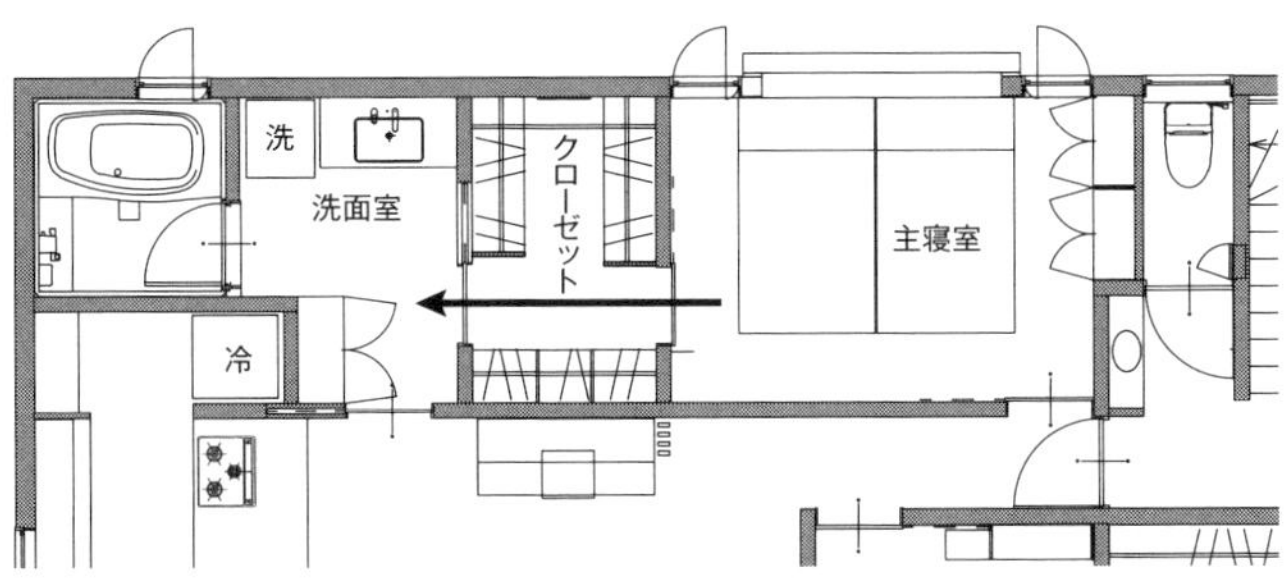

主寝室のクローゼットがウォークスルーになっていて、洗面室、浴室へとつながっている。

3. 住み心地のいい家になる条件②
衣類の家事動線を短くする

家事の常識が変わってきた

誰もが、家事の手を抜きたくはないけれど、時間はかけたくないと思っています。仕事をしている人だけでなく、家にいて子育てや介護をしている人も同じです。家事をスピーディにするために必要なのは、家事の流れに合った動線と収納です。

家事動線のなかで大きな動きをするものといえば、洗濯です。衣類を脱いでからまた着るまでには、次のような一連の作業があります。

①脱ぐ→②洗う→③干す→④取り込む→⑤たたむ→⑥しまう→⑦着る

それぞれの作業間の**移動距離が短く、歩数が少ないほど、家事の効率は上がります**。そのために、これまでは洗面室（脱衣室）、洗濯機、干し場、クローゼットを近づけて、できるだけ洗濯の動線を短くするようなプランを提案してきました。

しかし最近では、ライフスタイルの変化によって、少し事情が違ってきています。

洗濯物を家の中で乾かす

大きく変わったのは、洗濯物の乾かし方です。共働きの増加で夜に洗濯をする人が増え、花粉やPM2・5などが気になるので「外に干したくない」という人が増えてきました。そういう人たちは、家の中に干す、あるいは、ユニットバスで「浴室乾燥」をするなどの方法を取り入れています。また、「干さずに衣類乾燥機で乾かす」という人も増えてきています。現在では、相談にくる方の8割が、ガスや電気の乾燥機、もしくはユニットバス乾燥を導入しています。

この洗濯物の乾かし方の変化により、洗濯の家事動線についての考え方も大きく変わりました。以前は、干し場が2階のバルコニーにあることが多く、それに合わせて洗濯機やクローゼットも2階にしていましたが、外で干さなくなったことで、プランの自由度が高くなりました。

物干し場を家の中につくる方法は、いろいろとあります。日当たりのいい部屋の天井に物干しパイプを設置したり、壁に専用のブラケット（受け材）を設置して、物干し竿を通したりすることもできます。

しかし家の中に洗濯物を干す場合、梅雨の時期などは湿気がたまるので、カビやダニの原因になる場合があります。シワが気になるもの以外は、衣類乾燥機を有効に活用してはどうでしょうか。ガス乾燥機だと、電気より時間が短くてよりふんわりと仕上がります。ただし、ガスは専用の排気が必要なため、マンションでは設置できない場合が多いのが残念です。

衣類乾燥機を置く場合は、可能なら洗面カウンターを広げて「洗濯物をたためるスペース」をつくります。そうすれば、乾いた洗濯物をその場でたたむことができます。

外に干す場合でも、洗濯機から出した衣類を一時的に掛けておくための場所が洗面室内にあると便利です。ハンガーに掛けるまでの作業が家の中でできれば、外にいる時間が短くなるので、夏は日焼けを防げるし、冬の寒い日にも助かります。また、取り込んだ洗濯物をたたむ時間がないときにはちょっと掛けておけますし、「ほとんど乾いているけれどあと少しだけ吊るしておきたい」というときにも使えます。（74ページ写真⑤参照）

家族全員のクローゼットで衣類を一括管理

衣類の家事動線を変えたもうひとつの要因は、衣類の収納場所です。

家事の時短を望む子育て世代の人たちから、「衣類を1か所で管理したい」というニーズが増えてきました。そこで最近では、洗面室のできるだけ近くに、家族全員の衣類が収まるような集中クローゼット（ファミリー・クローゼット）を設けることも多くなってきました。

家族別々のクローゼットがある場合は、たたんだ衣類をそれぞれの部屋に持っていく必要があります。「自分の衣類は自分で片づける」というルールがある家庭でも、とりあえずリビングに積んでおいたり、階段の昇り口に置いてじゃまになったりする風景が、よく見られます。

しかし「ファミリー・クローゼット」があれば、衣類を一括管理できます。さらに、洗濯機と乾燥機も同じ場所にあれば、90ページの①から⑦までの工程を、1か所でできるようになります。子どもが小さくてまだ自分で衣類の管理ができなかったり、家族がいるところで着替えるのが平気な年齢だったりするうちは、このプランは使いやすいでしょう。（75ページ写真⑥参照）

ただし子どもがある程度の年齢になったら、それぞれの個室にクローゼットを設ける必要もあると思います。

日の当たる廊下に干し場を設けた例（写真／P75-⑦）

子ども部屋とバルコニーの間に廊下を設け、天井に物干しパイプを設置。
また、各寝室はファミリー・クローゼットにつながっている。

日の当たる廊下に干し場をつくる

Mさんは、共働きの夫婦と、小学生の子どもふたりの4人家族です。バルコニーに洗濯物を干しておくと、帰宅したときには洗濯物が冷たくなっていたり、夕立で濡れてしまっていることもよくありました。かといって、リビングには洗濯物を干したくないと思っていました。そして、衣類は乾燥機を使わずに、陽光に当てて乾かしたいという気持ちもありました。

そこでリフォームで、家の中に洗濯物を干すスペースを設けることにしましたが、ここで再び問題が生じます。広さに限りのあるマンションなので、日当たりのいい場所を干し場にすると、日が当たらない部屋ができてしまうのです。

この問題を解決するために、子ども部屋とバルコニーの間に縁側のような廊下を設け、天井に物干しパイプを設置して、干し場にすることにしました。子ども部屋との仕切りには大きく開く引き戸と高窓

を設けたので、干し場を通して子ども部屋の中にも光が差し込みます。（75ページ写真⑦参照）

子ども部屋の隣にはファミリー・クローゼットを設けたので、「取り込む→たたむ→しまう」の動線も短くなりました。このクローゼットは夫婦の寝室にもつながっているので、家族全員のそれぞれの身支度動線も短くなっています。（93ページ間取り図参照）

家の中に干し場を作り、個室の明るさもあきらめない解決法が見つかりました。

4. 住み心地のいい家になる条件③ 3つの場所に充分な収納を設ける

玄関収納を見直す

家の中で、たっぷりの収納が必要な3か所のうちのひとつが、玄関です。

玄関は、ただ出入りするだけの場所ではありません。家族にとっては気持ちを切り替えるための場所ですし、訪ねてくる人に対しては、歓迎の気持ちを表す場所でもあります。家の印象を決定づけるのがこの場所といっても、大げさではありません。

そんな大切な玄関ですが、現実には物が収まりきらず、そのせいで印象が悪くなってしまっている残念な家が少なくありません。原因は、収納が足りないからです。

従来の日本の住宅では、今ほど靴の数も多くなかったので小さい下足入れで充分でしたが、各人の靴の数や玄関に置きたい物が増えて、**カウンタータイプの下足入れでは、家族全員の靴や物を収めることができなくなりました。**また、日本家屋の玄関は広々としていたので、下足入れの上には花を生けていたものでした。しかし住宅の形が変わり、玄関の狭い家が増えました。狭い玄関に、靴や、傘立て、スリッパ立て、さらに行き場のない物たちが所狭しと置いてあるのは、美しいとはいえません。あふれた靴や物を収めるためにさらに収納家具を置いて、通りにくくなってしまっている家も見かけます。

収納量を確保する必要がある玄関には、天井から床までの大容量の収納をつくることをおすすめします。

棚板は収める靴の高さに合わせて設置し、むだな空間ができないようにします。子どもが小さかったり、これから家族が増える予定の家庭なら、下足入れの収納には余裕をもたせておくことも大切です。(73ページ写真①参照)

最近ではバリアフリーに配慮して、段差の小さい玄関が増えています。土間の部分に椅子を置いたりベンチをつくりつけると、高齢の方や子どもが楽に靴を脱ぎ履きできます。こういったことを考えても、玄関に出ている物はできるだけ減らしておく必要があります。

玄関は物も出入りする場所

玄関は、人だけでなく物も出入りする場所です。外出のときだけで、**家の中では使わない物をここに置いておければ、家の中が散らかることがなくなります。**

最近ではマスクやエコバッグなど、外出に忘れてはならない小物がいろいろ増えました。靴を履いてから忘れ物に気づいたという経験は、誰にでもあるのではないでしょうか。もし**持っていく物がすべて玄関に収納**してあれば、身支度動線が短くなり、忘れ物を減らせます。帽子や手袋、マフラー、よく使うバッグ、サングラス、そしてハンカチやティッシュなども置いておけるのが理想です。

「常に使うものではないから置き場所が決まっていない」という物も、玄関に指定席をつくることで、家が散らかりにくくなります。たとえば週末だけ持ち帰る子どもの上履き、防災リュック、リサイクルに出す紙ごみなどです。

また、家の中の物を増やさないために、玄関を**「部屋に持ち込みたくない物を処分する場所」にする**ことも有効です。チラシやDMなど、郵便受けに入っていた物は、靴を脱ぐ前にざっと目を通して、不要ならその場で捨ててしまうのです。そのために、封を開けるためのハサミやゴミ箱、シュレッダーなども玄関に置けるようにしておきます。

中途半端な物たちの指定席をつくる

現代の私たちは、ほかにもさまざまな物を玄関に収納したくなっています。代表的な物は、ベビーカー、アウトドア用品、ペットの散歩のための道具、外で使うおもちゃ、自転車の空気入れ、ヘルメットなどです。なかには、自転車を外に置いておきたくないと思う人もいます。これらの物の特徴は、**「家の中には入れたくないけれど、外に出しっぱなしにはし**

たくない」という、中途半端な存在であることです。

スペースがあれば、土間続きの納戸（シュー・クローク）を設けます。ベビーカーや車椅子をたたまずにそのまま入れたり、ゴルフ用品や処分するダンボールなどもここに収納しておけると便利です。（75ページ写真⑧参照）

共働きが増えた今、忙しい人たちが頭を悩ませている中途半端な存在の上位に、「宅配食品のボックス」があります。前述のMさん夫婦は、買い物に行く時間がなかなかとれません。頼りになるのが宅配食品です。しかし毎回、食品のボックスは3〜4箱になるため、非常に場所をとります。いつも玄関の土間の上に置いて、出入りのじゃまになっていました。

そこでリフォームの際に、玄関を入ってすぐの場所に、宅配ボックスの奥行きに合わせた収納を設けました。食品ボックスが4個余裕で入ります。忙しいMさん夫婦のストレスの種がひとつ減らせたと思います。（93ページ間取り図、75ページ写真⑨参照）

玄関にコート掛けを設ける

家の中が散らからないようにするために、玄関に必ず設けるべきものがもうひとつあります。それは、コート掛けです。

コート類は、寝室のクローゼットの中に掛けてあると、出かける前には取りに行かなくてはなりません。寝室が2階にある場合は、階段を昇り降りするので動線が長くなってしまいます。帰宅したときも「クローゼットまで持っていくのが面倒なので、とりあえずソファの上に置いておこう」となり、**部屋が乱雑になる原因になってしまう**のです。上着を着たまま部屋に入ることがなくなれば、ウイルスや花粉を室内に持ち込まないですむというメリットもあります。来客のときにも、玄関のコート掛けは重宝します。

コート掛けを設ける場合、奥行きは肩幅に合わせて、60センチ以上のスペースが必要です。奥行きが足りない場合は、スライドして出てくるバーを垂直に設けて、正面向きにコートを掛けられるようにするという方法もあります。（76ページ写真⑩参照）玄関に充分なスペースがない場合は、玄関からリビングまでの動線上にコート掛けを設けます。そのスペースも取れない場合は、廊下の壁にコートフックをつけます。

多機能になった洗面室

住まいの中で、圧倒的に収納が足りなくなったもうひとつの場所が、洗面室です。

現在、洗面室で行うことは多岐にわたっています。朝の洗面、歯磨きのほかに、帰宅後は手洗い、うがいが欠かせません。メイクをしたり、ひげをそったり、ドライヤーで髪の毛を乾かしたりセットしたり、ヘアカラーをしたり、メガネを洗ったり、コンタクトレンズを装着したり。ときには切り花を生けたり、洗濯物の下洗いをすることもあります。

こんなふうに洗面室は、家族が入れ替わり立ち代わり使う、かなり空間稼働率が高い場所になっています。したがって、ここで使う道具＝収納しておきたい物も大量に増えました。

洗濯室を兼ねているので、洗剤類やハンガーなどの置き場も必要です。脱衣所でもあるので、バスタオルやバスマット、入浴剤なども置いておきますし、下着やパジャマもここに置けば、浴室に直行できます。さらに、今では家族それぞれのタオル掛け、歯磨き粉、洗顔料、シャンプーやコンディショナーなど、「個人用」の物のためのスペースも必要になっています。

しかし、洗面室に充分な収納がない家は少なくありません。4人家族でも、ひとりしか立てない小さな洗面台、洗面台の下のスペースだけの収納。古いマンションなどでは、たいていこのパターンです。必然的に、道具が洗面カウンターの上に出しっぱなしになります。収納しきれない物を、洗濯機の上に突っ張り棚などを多用してなんとか収めながら、不自由をがまんして暮らしている人がたくさんいます。

洗面室を広く、収納を増やす

収納スペース確保のために、新築の設計では、洗面室をできるだけ広くすることにしています。リフォームでそれができない場合は、洗濯機を洗面室から追い出して、キッチンや廊下など別の場所に移すこともあります。そうまでして洗面室の収納力をアップさせ、洗面カウンターを広くするのは、生活の質を大きく改善させる効果があるからです。大容量の収納があれば、洗面カウンターの上を物置き場にせずに、広々と使うことができます。

洗面カウンターは、同時にふたりが立てるようにできるだけ幅を広くします。私はこのカウンターの下をオープンにしています。そうすることで、ゴミ箱や洗濯カゴ、体重計、ペットのトイレ、掃除ロボットなどを置けるからです。椅子を入れて座って使うこともできますし、通風用の窓を設けることもできます。キャビネット収納を設けないことで、コストを下げられるのもメリットです。また、カウンターの手前に長いタオルバーを取りつけたり、バスドアに複数のバーを取りつけて、家族が各自のタオルを掛けられるようにしています。(76ページ写真⑪⑫参照)

カウンター収納でダイニングが片づく

リビング、ダイニング、キッチンを広いひと続きの空間にする間取りが一般的になりました。そこでは、ダイニングテーブルの存在も重要です。テーブルの上に物が何も置かれてない風景は、清々しいものです。

しかし実際には、何かの「一時置き場」になっていて、それを脇によけながら食事をしているという家庭も多いのではないでしょうか。原因は、テーブルが食事だけではなくさまざまな用途に使われるからです。書きものをしたり、お茶を飲んだり、新聞を読んだり、子どもが勉強したり。リモートワークをする人が、仕事机として使うこともあるでしょう。

ダイニングは、玄関や洗面室と同様に、収納を充実させることが必須の場所となりました。

ダイニングルームには、できるだけ長いカウンター収納を設けるようにしています。カウンターは背が高い家具に比べて圧迫感がなく、部屋を狭く感じさせないのと、ダイニングテーブルの上に置いている物を一時的にそこに移動させるという使い方ができるので重宝します。

対面式のキッチンの場合は、キッチンカウンターのダイニング側を収納にします。壁側にもカウンター収納を設けると、さらに収納量が増えます。カウンターの上にはガラスの吊り戸を

設けて、お気に入りの食器を見えるように収納し、インテリアのポイントにすることもあります。（77ページ写真⑬参照）

ダイニングのカウンターに収納するのは、そこで使うあらゆる物です。

・取り皿やカトラリー、グラス、ランチョンマットなど

料理を盛りつける食器はキッチンに収納しますが、テーブルセッティングに必要な物は、ダイニングに収納すれば動線が短くなります。キッチンで調理しているあいだに、ほかの家族が食事の準備をすることもできますし、食事中に小皿を出すのもスムーズです。（77ページ写真⑭参照）

・文房具

書きものをすることも多い場所なので、テーブルに座ったままで手を伸ばせば届く場所に収納しておけると便利。引き出しの中に仕切りなどを使って分類し、見やすく収納します。

・書類

取扱説明書や家関係の書類はダイニングテーブルで広げて見ることが多いので、ダイニングに置きたいものです。書類は見やすく立てて収納します。

・子どもの道具

保育園や幼稚園児までは、衣類や持ち物がここにあれば、その場で支度ができます。小学校低学年のうちは、勉強道具、ランドセルや教科書などもここにあると便利。（77ページ写真⑮参照）

・トースター・趣味の道具・薬、裁縫道具など

家族がここですることを全部書き出してみれば、おのずと収納すべきものもわかるはずです。

5. 住み心地のいい家になる条件④
収納の空間稼働率を上げる

片づけの能力は伸ばせる

長年、たくさんの家を見てきて思うのは、運動が得意な人と苦手な人がいるように、片づけが得意な人と苦手な人がいるということです。

物は「縦置き」にすることで、見やすく、収納量もアップするのですが、片づけが苦手な人は、「平置き」にして重ねがちです。平置きにすると、下にあるものが見えにくく、取り出すときにもグチャグチャになってしまいます。あなたはどちらのタイプでしょうか？

現在、小学校の家庭科では、「整理収納」を授業で学びます。なぜ整理整頓は必要なのか、どう片づければ使いやすいのか、片づけによってどんな効果が得られるのか、片づけのプロのノウハウが盛り込まれていることもあるそうで、素晴らしいことだと思います。

しかし上の世代は、「整理収納」についての教育を受けてきていません。物が急激に増えた今の暮らしに、うまく対応できずにいます。

片づけが苦手な人でも、収納のセオリーを理解することで変わることができます。空間の使い方を学び、住まい方を工夫することで、「自然に片づく家」にすることは可能です。まず、片づかない理由をじっくりと考えてみましょう。

もったいない家

「物が多くて、収まらない」と悩んでいる人は多いと思います。収納スペースが足りていない家はありますし、「物を減らさなければ」と感じている人も多くいます。確かに、持ち物を見直して不要な物を処分するのは大切なことですが、そう簡単に捨てられないのも現実です。悩んだ結果、多くの人がとる方法は「収納家具の買い足し」です。家具が増えるほど、居室のスペースが狭くなりますし、生活感のあるまとまりのない空間になっていきます。

実際には、**今ある収納スペースをうまく使いこなせていない場合も多い**のです。「もうここはいっぱいです」と言われる収納を開けて見てみると、棚の枚数が少なく、上の方にむだな空間が空いています。「ここをうまく活用すれば、こんなに収納家具を買い足す必要はなかったのに」と、残念になります。こういう「もったいない家」は、あちこちに存在しています。

空間稼働率を上げることで、収納の問題の半分は解決します。収納家具を買う前に、まずは空間の使い方を工夫して、収納量をアップさせることを考えてみてください。

「高密度収納」で家が片づく

収納スペースをうまく活用すれば、収納量は倍増します。ポイントは「仕切る」ことです。

空間は縦や横に仕切ることで、収納量がアップします。**上下の空間を仕切るには、「棚数を増やす」こと。前後左右の空間を仕切るには、「ボックスやカゴを使う」こと。**このふたつのテクニックを使うだけです。私はこれを「収納の高密度化」と呼んでいます。

まずは一段の棚に収納する物の高さを揃え、その高さピッタリに棚板を設けて、棚数を増やしましょう。その分新たな収納スペースが生まれます。

棚板が可動式なら、入れる物に合わせて簡単に高さを調節できます。もし収納内の壁にビスが打てる下地がある場合は、今ある収納スペースをリセットして、新しく棚板を取りつけてみましょう。ホームセンターなどで入手できる棚柱（ステンレスのレール）を4本と棚受けを取りつけて、棚板（必要なサイズをオーダーカットしてもらう）を載せればできあがりです。

賃貸住まいの場合、つくりつけの収納には棚板が少ないし、棚板が動かせないケースもあります。その場合は、今ある棚の両端に板やＣＤケースを何枚か立てて、その上に棚板を載せるという方法で、簡単に棚数を増やすことができます。

こうして生まれた空間は、奥行きや高さに合う収納ボックスやカゴ、ファイル立てを利用することで、さらに空間のむだをなくすことができます。揃いのボックスを使うことで見た目もよくなりますし、引き出しとして使うこともできて、出し入れがしやすくなります。用途に合わせて物を分類することができるので、機能性もアップします。

収納は浅いほうが使いやすい

収納をつくるときには、入れる物によって奥行きを決めます。一般的に、洋服をたたんで収納したい場所は40センチ、洋服を吊るすクローゼットは60センチ、そして布団を入れる場合は80センチ程度の奥行きが適当です。しかしそれ以外の多くの物は、もっと奥行きが浅くても入る物ばかりです。たとえば、奥行きが30センチ程度でも、幅が180センチのスペースに12段の収納棚をつくれば、だいたい畳4畳分もの収納スペースが生まれます。**奥行きは浅くても棚の数を増やすことで、大量の物を収納できるのです。**

ちなみに私が、「奥行き30センチの収納」をよく提案するのは、日本家屋の尺のモジュールでつくりやすいのと、A4の書類ファイルや雑誌が収まって、整理しやすいサイズだからです。

「奥行きが深いほうがたくさん物が入るのでは」と思うかもしれませんが、奥行きが深いと奥の物が見えづらいうえに取り出しづらく、どこに何が入っているのかわからなくなって、いつの間にか、「開かずの収納」になってしまうことも。昔ながらの「押し入れ」や「天袋」がそのいい例です。それに対して奥行きが浅い収納は、ひと目で見渡せるのが便利な点です。何を持っているのかを把握しやすくなり、二重買いやストックの持ちすぎを防ぐこともできます。

ただ通るだけの空間に収納をつくる

ところで、意外な効果が得られる空間活用法があります。**奥行きの浅い天井から床までの収納を、廊下に設けることです。廊下を、人が通るためにしか使わないのはもったいないことです。**わずか30センチ壁を凹ませるだけで、ここに大容量の収納スペースが出現します。

床から垂れ壁のない天井までの収納扉を壁と同じ色にすることで、閉めているときは存在感をなくすことができます。取っ手はつけずに「プッシュ式」または「掘り込み式」の手掛けの扉にすれば、壁のように見えてさらにすっきりします。ここには、ティッシュやトイレットペーパー、水などの日用品のストックや、防災用品、工具類、リサイクルゴミ、季節用品など、家族で使うものを収納しておくとよいでしょう。棚板は可動式にして、調整しやすくします。（78ページ写真⑯⑰参照）

廊下収納は、小さな家や物の多い家の解決策としても効果的な方法です。

さらに収納を増やす方法

さらに収納の空間稼働率を上げるためには、次のような方法もあります。

・「扉裏」を活用する

玄関収納の扉裏にスリッパラックやバッグ掛けを、パントリーの扉裏にエプロン掛けを取りつけるなどのアイデアがあります。

・開き戸の収納を引き出しに替える

奥行きの深い開き戸の収納は、引き出しにすると、見やすく取り出しやすくなります。ただし目線より上は引き出しだと中が見えにくいので、オープン棚のほうが使いやすくなります。

・小上がりの和室をつくる

和室の床を40センチ程上げて、床下に大きな収納をつくるという方法もあります。引き出し式にしたり、畳をはね上げ式にすれば、上から使うこともできます。リビングの一角を小上がりにすれば、ソファ代わりに腰を掛けることもできます。（78ページ写真⑱参照）

押し入れはもう必要ない

奥行き80センチの押し入れは、布団をたたんで収納するには都合がいいものです。しかしそれ以外の物の収納には、ここまで奥行きの深い収納は使いにくいとさえいえます。寝具をベッドにする人が増え、家に和室をつくらない人も多い今日では、押し入れの必要性は従来ほど高くはありません。

以前は、季節外の寝具を収納する場所も必要でしたが、今では一年中使える羽毛布団を使う家庭も増えています。新築の家では、最初から押し入れを設けないこともありますし、リフォームでは押し入れをつぶして、ウォークイン・クローゼットなどに変更する提案もします。

ときどきやってくる家族や親せきのために、来客用の布団を準備しておきたいという人には、敷布団を四つ折りのマットレスに替えて、クローゼットの中に立てて収めることも検討してもらいます。マットレスは軽いので、出し入れのときの体への負担も軽減できます。最近では、手軽なレンタルの布団を利用する人も増えてきました。

和室を設けて押し入れをつくる場合でも、奥行きを60～70センチと浅めにしておけば、ほかの物の収納にも使いやすく、来客時にはクローゼットにもできます。さらに、押し入れを床から浮かせておくと、視覚的に狭さを感じさせない効果があります。（78ページ写真⑲参照）

6. 住み心地のいい家になる条件⑤
洗面、手洗いコーナーを増やす

2階にも洗面スペースは必要

住み心地のいい家にするためには、洗面室の場所がカギになると思いながら設計をしてきました。新しい生活様式では、さらにその存在が重要になるのではないかと思います。

洗面室や浴室を寝室に近づける「ホテルプラン」がベストだと述べましたが、戸建て住宅には、洗面室が1階、寝室が2階というのも、現実にはよくある間取りです。

こういう場合は、2階にも、廊下などの一角に洗面コーナーを設けることで、身支度動線をかなり短くすることができます。本当に小さなスペースでいいのです。朝の洗顔や、就寝前の歯磨きをするために階段の昇り降りをする必要がなくなるのは、予想以上に便利です。（79ページ写真⑳参照）

クローゼットの中に自分だけの洗面スペースを設ける

もし寝室のスペースに余裕があるなら、給排水設備を整え、洗面ボウルと鏡を取りつけ、**自分だけの「洗面スペース」を設けてみてはいかがでしょう。**幅60センチ、奥行き50センチもあればつくれます。部屋の入り口近くに配置すると、使いやすいでしょう。（79ページ写真㉑参照）

使わないときは引き戸で隠せるようにしておけば、そこに洗面スペースがあるようには見えません。湿気を心配する人も多いのですが、洗面スペースにはそれほど湿気はありませんし、衣類の収納スペースとは壁で仕切ってしまうので、問題ありません。気をつけるのは、周りを水撥ねにつよい素材にすることです。

1章でも触れましたが、この「自分だけの洗面スペース」は、二世帯同居での高齢の方にはとくに喜んでいただけます。ときどき口をゆすいだり、入れ歯のつけ外しをしたいこともあるでしょう。早朝や夜、寒い廊下に出ていく必要がなくなりますし、家族に気兼ねしないところできちんと身支度を整えてから、リビングやダイニングに出ていくことができます。

いずれは親を呼び寄せて同居する予定があるという人は、リフォームなどのタイミングで、給排水設備を寝室になる部屋の床下に引いておくと、後で役に立ちます。

来客用のトイレに手洗い場を

家族が多い場合はもちろんですが、家族が少なくても、スペースが許せば、家にはふたつのトイレを設けることをおすすめしています。ひとつめのトイレは寝室から近い場所に。そしてもうひとつのトイレは、来客用も兼ねて玄関の近くに配置します。

しかしマンションなどでは、スペース的にトイレをふたつ設けるのが難しい場合がほとんどです。そんな場合でも、今あるトイレを「パウダールーム」にすることで、いろいろなストレスから解放されます。「パウダールーム」とは、トイレに手洗いカウンターと鏡がついていて、手を洗うだけでなく化粧直しもできるような場所のことです。

家族の洗面室はたいていの場合、脱衣室や洗濯室を兼ねていますし、家族のプライベートな物が多く置いてあります。洗濯物が吊るしてあることもあります。何より、いつも誰に見られてもよい状態に保っておくのは大変です。パウダールームがあると、お客様から「手を洗わせてください」と言われたときに、洗面室に通さず、パウダールームを案内すればすみます。

パウダールームをつくる場合、手洗いカウンターの奥行きは、できれば40センチくらいとれるとよいですが、間口の幅が半間(はんげん)(75センチ程度)しかないトイレもよくあります。その場合、奥行きの浅いスクエア型の手洗いボウルならつけることが可能です。動きにくくならないように、カウンターの下をできるだけオープンにします。収納が足りない場合は、吊り戸棚も設けます。

(79ページ写真㉒参照)

玄関の手洗いスペースはさりげなくつくる

感染症や花粉症の対策として、「玄関に手洗いをつくりたい」という人が増えてきています。手を洗ってからリビングなどの部屋に行けるのは家族にとっても安心ですし、衛生的です。手洗いスペースは、幅60センチもあれば使いやすいでしょう。

しかし玄関のドアを開けて、すぐ手洗いスペースが目に入ってくるという状況は避けたいので、玄関の収納スペースの陰など、死角になる位置につくるようにします。それが難しい場合は、ルーバーの壁を立てて、直接見えないようにします。(79ページ写真㉓参照)

玄関につくるのが難しい場合、次の候補は、リビングへの動線上です。もしくはパウダールームが玄関の近くにあれば、そこで手を洗うことができます。

庭や家庭菜園がある家では、庭仕事をした後、家に入る前に手を洗いたいという要望も多いものです。勝手口があれば、その外に手洗い場を設けます。ここで、採れた野菜を下洗いすることもできます。

リビングに続くウッドデッキから庭に出られるような家では、ウッドデッキに手洗いスペースをつくることもあります。この場合も、リビングから直接見えないような位置につくるか、もしくはルーバーの壁を立てて目隠しをします。（80ページ写真㉔参照）

玄関から直行できるシャワーブース

先日は、3人の子育てをしている家庭のために、玄関脇にシャワーブースを設けるリフォームをしました。納戸をつぶした半畳くらいのスペースです。

サッカー帰りの子どもたちが、ここで汗や泥を流してから家に入ることができます。保育園で遊んできた下の子や、仕事から帰った父親が、家に入る前に簡単に足を洗うこともできます。（80ページ写真㉕㉖参照）

シャワールームのそばには小さいクローゼットも設けたので、そこで着替えまでできるようになりました。家に帰ったら、シャワーブース→クローゼットを通ってリビングに入ることもできる「回遊動線」になっています。（112ページ間取り図参照）

このような玄関シャワールームは、犬を飼っている人などにも役立つはずです。散歩から帰ってすぐに犬の足を洗うことができます。

玄関脇にシャワーブースを設けた例（写真／P80-㉕㉖）

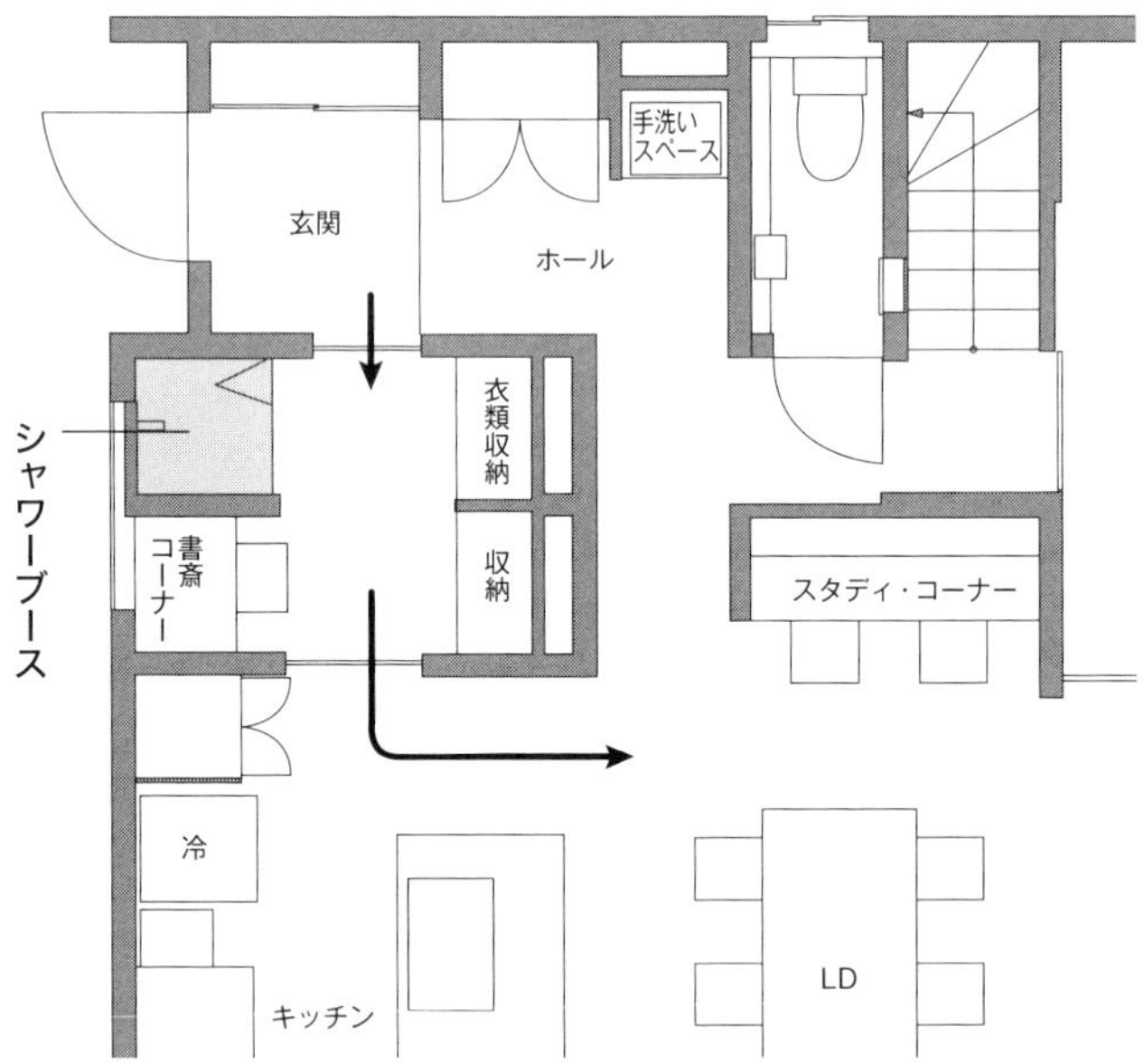

帰宅したら、土間から直接シャワーブースに入れるつくり。シャワー後はキッチンを通ってリビングに入ることができる。

第4章　快適さをあきらめない

①ダイニングの壁際に置いてあるのは蓄熱暖房機。空気を汚さず、風を起こさない輻射熱式で、家全体を暖めてくれる。

②窓枠の内側に新たな窓枠を取りつけて「二重サッシ」にした例。施工が簡単で、断熱効果が期待できる。

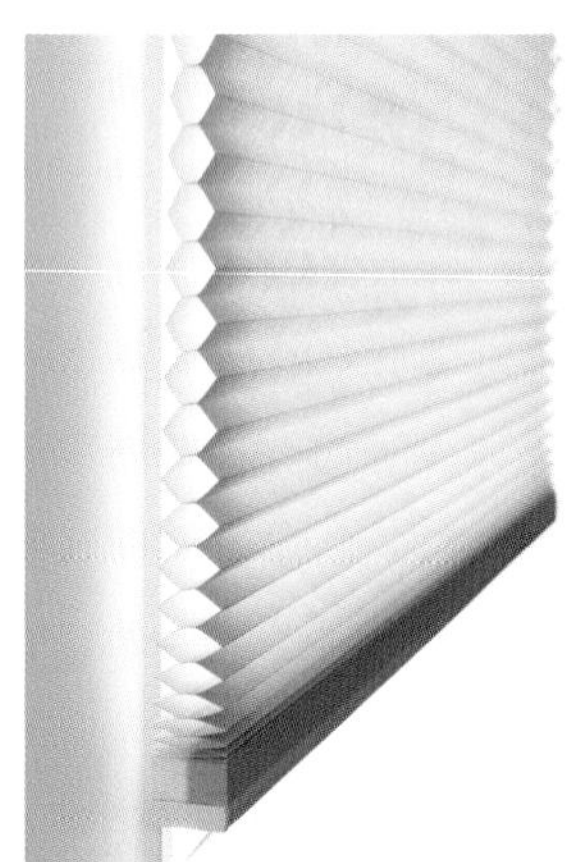

③断熱効果のある「ハニカムシェード」。断面が蜂の巣のような空洞になっているので、温かい空気を逃がさない。

④リビングの上の居室の床を抜いて吹き抜けをつくり、1階まで明るい光が入るようにした。

⑤庇を活用することで、夏は高い位置にある太陽の光を遮ることができ、冬は低い位置にある太陽の光を採り入れられる。

⑥隣り合う居室との間をガラス戸とルーバーで仕切ったことで、マンションの暗い玄関に光が入るようになった。

⑦以前はふたつに分かれていた居室を、壁を取り払ってひと続きの空間にリフォーム。光が奥まで長時間入るようになった。

⑧ダイニングと子ども部屋を仕切っている壁の上部に、光を採り込むための高窓をつくった。

⑨マンションの浴室の壁をくりぬいて室内窓を設けた。キッチン越しに、浴室から遠くの富士山を眺められる。

⑩プライバシーを守るため、南側には大きな窓をつくらず、代わりに北側に高窓を設けて光を採り入れている。

⑪下だけでなく上も開けられるシェードで、外からの目線が気になるところだけを隠すことができる。

⑭カウンターなど背の低い収納は圧迫感がない。収納が足りない場合は、上部に浮いた吊り戸棚を設ける。

⑫⑬ロールスクリーンタイプの「レースシェード」。スラット（羽根）を開いたり閉じたりすることで、外からの視線や光の量を調整できる。

⑮入り口からリビングの奥の和室が見えると、視界が抜けるので開放感が出て、広く見せる効果がある。

⑯つくりつけの収納やカウンターは、できるだけ幅を広くして水平ラインを強調すると、すっきり見える効果がある。

⑰リフォームで天井を少し下げ、段差のできるところに間接照明を入れた。

⑱楽器を練習するための音楽室。二重サッシを取りつけて、遮音性を高めた。

1. 寒さ、暑さをがまんしない暮らし

断熱化が課題の日本の住まい

心身ともに満たされた暮らしを送るために、住まいの質は重要です。せっかく動線や収納が整っても、暑さや寒さ、結露、暗さ、騒音など不快な要素があると、どうしてもストレスになります。しかし残念ながら多くの人が、こういった不快をがまんして暮らしているのも現実です。

不快の代表的な要素が「寒さ」です。暖房を使っても「足元が寒い」という家はよくあります。暖められた空気が上昇し、冷気が下のほうにたまるので、そうなりがちです。ほかに、部屋の中央は暖かいけれど、窓や外壁の近くは寒いなど、部屋の中で温度差があるとか、エアコンの効いている部屋の中は暖かいけれど、廊下に一歩出るととても寒い、という家は多いはずです。いずれも、**家の断熱化が不充分なことが大きな原因**です。

リフォームの相談に来られる方の8割が、間取りの変更などと同時に、「暖かい家に改善したい」と要望します。

断熱材の活用が始まったのは戦後のことですが、普及するまでには長い時間がかかりました。

昔の日本の住宅は、寒さを防ぐことよりも夏の暑さや湿気から家を守ることに重点が置かれていました。吉田兼好は『徒然草』のなかで、「家の作りやうは、夏をむねとすべし。冬は、いかなる所にも住まる。暑き比わろき住居は、堪へ難き事なり（家をつくるときは、夏を基準にするのがよい。冬はどんな所であっても住まうことができる。暑い時分に悪い住まいで暮らすのは、耐えがたいことだ）」と書いています。

「自然と共生する」考え方で、夏は欄間（らんま）などで家の中の通気性や風の流れを確保していましたが、冬は、厚着をしてなんとか寒さをしのいでいました。近年でも、暖房は石油ストーブやこたつが主流でした。

しかし石油ショックを背景とした1979年の省エネ法制定によって、徐々に住宅の断熱化が普及してきました。

寒い家・暑い家のリスク

2018年、WHO（世界保健機関）は住宅と健康に関するガイドラインを発表し、暖かい住まいと断熱について世界各国に向けて強く勧告しました。「寒い室温は健康に有害で、とくに高齢者の呼吸器系と循環器系の疾病の原因になる。冬季の室内温度は最低でも18度（子どもと高齢者はさらに暖かく）にすべき」という内容です。

英国保健省の寒さに関する評価によると、人が健康でいられる温度は21度前後。16度以下になると深刻な健康リスクが高まるとされています。ところが日本の国土交通省が2014年から２０１９年まで行った調査によると、国内の住宅における居間での冬季温度の昼夜平均は、16・7度。ＷＨＯの勧告する18度を満たしていない家が６割以上で、脱衣所に至っては、９割が基準を満たしていないことがわかっています。

ちなみに、日本でいちばん寒いはずの北海道では、ほとんどの住宅で冬の室温が21度に保たれています。そのため、冬季の死亡増加率も全国でもっとも低くなっています。理由は、家の断熱化が進んだことです。厳しい寒さを防ぐために、北海道では１９５３年に北海道寒地住宅建設等促進法（寒住法）が制定されました。断熱材も豊富に使われるようになっています。

断熱化されていない住まいでは、夜中にトイレに行く場合、布団の中と冷えた廊下との温度差は20度以上になることもあり、ヒートショックを起こしやすくなります。部屋の中が寒いと高血圧や動脈硬化の進行の原因になりますし、入浴中の事故のリスクが高くなります。暖かい家に暮らしている人は、寒い家の人と比べて要介護状態となる年齢（健康寿命）が４歳延びるという調査結果もあります（国土交通省住宅宅地分科会資料）。

断熱材性能を上げて家全体を暖かくすれば、ヒートショックの予防につながります。副次効果として、遮音性も高めることとなり、騒音ストレスの軽減にもつながります。

近年は、夏の暑さで熱中症の危険性もしきりに叫ばれていますが、じつは、熱中症の多くは住宅の中で起きています。断熱性能を高めることで、外の暑さを中に伝えず、冷房の効率も高めることができます。

断熱性能の高い家は、健康で長生きできる家なのです。

世界規模で進む省エネ対策

建物の断熱化が進んだ背景には、健康問題だけでなく、「地球温暖化」という大きな問題があります。断熱化を図ることは、電気やガス、灯油などのエネルギーの節約につながり、二酸化炭素排出量の削減に大きな効果があるからです。

１９９７年に採択された「京都議定書」、さらに２０１５年に合意された「パリ協定」により、国は、温室効果ガスを大幅に削減することを目標として定めました。

この目標達成のため、そしてエネルギー需給構造の逼迫の解消のため、２０２０年末、政府は、「２０５０年までに二酸化炭素の排出量を実質ゼロにする」と宣言しました。それにともない２０２１年４月に「建築物省エネ法」が改正されました。３００平方メートル以上の非住宅建築物に、省エネ基準の適合義務が設けられました。外壁の断熱材、高断熱性の窓設置、高効率の空調やＬＥＤ照明の導入などが求められます。

住宅の設計に関わる私たち建築士には、建築主への情報提供や省エネ性能の評価、評価結果の説明が義務づけられました。

省エネ性能の高い住宅には、初期のコストはかかるものの、税制優遇などのメリットがあります。住まいの断熱性や省エネ性能を上げ、太陽光発電などでエネルギーをつくりだすことにより、消費エネルギー量（空調・給湯・照明・換気）の収支をプラスマイナス「ゼロ」にする住宅＝「ゼロエネルギー住宅」も、注目されています。

「高気密・高断熱」がスタンダードに

とはいえ日本の住宅の断熱基準、省エネルギー基準は、先進国のなかでは遅れています。現在でもまだ、コストを抑えるために、断熱を最低限にした住宅がつくられています。今回の建築物省エネ法では、小規模住宅の断熱義務化は見送られ、「努力義務」となりましたが、今後も省エネ対策は、ますます強化されていくはずです。

これからの住まいは、間違いなく「高気密・高断熱」がスタンダードになります。家全体をしっかりと断熱材でくるんで、暖めた空気や涼しい空気を外に逃がさないようにすることで、少ないエネルギーで家全体を快適に保つという考え方です。

充分に断熱化された住まいであれば、暖房で暖まった空気が全体に伝わって、家の中の温度が均一に近づきます。寒さだけでなく暑さも改善でき、結露も防げます。

断熱性能をよくしようとすると、確かに建築費用は高くなります。しかし暖房・冷房効果が高まり、光熱費を節減できます。これからは、住宅をつくる側も住む側も、断熱への意識、エネルギーを大切に使うという意識を高くもつことが必要だと感じます。

熱は窓から逃げていく

家を建て替えなくても、今住んでいる家に断熱リフォームを行うことで、断熱性と気密性の両方を高めることは可能です。

「断熱リフォーム」と聞いて、「壁」をイメージする方が多いのですが、実際には、多くの熱を逃がし、流出させているのは「窓」です。冬は、室内の熱の52パーセントが窓から逃げてしまい、夏は、74パーセントもの熱が窓から入り込むというデータがあります（アルミ製フレーム＋複層ガラスの場合。ＹＫＫ ＡＰ調べ）。また、ガラスは比熱が低いので、熱を伝えやすいという性質があります。屋根や壁などより屋外の気温の影響を受けやすく、室内の熱を外に逃がしてしまいます。

一般的に、「マンションは一軒家より暖かい」と言われますが、マンションでも窓が多い角部屋だと、寒さや結露に悩むことが多いのです。**窓から逃げる熱を減らすことが、暖かい家にするためのポイント**です。

また、多くの人が悩んでいる「結露」は、ガラスが冷えることが原因で起こります。「床や桟（さん）がビショビショになるので、窓の下にタオルを置いている」など、多くの人が対策に苦労しています。窓の断熱化により結露をなくすことが、床の腐食やカーテン、カーペットのカビを防ぎ、建物の寿命を延ばすことにもつながります。

効果的に断熱できる二重サッシ

新築の家では、断熱性・気密性を高めるために、２枚のガラスで空気層を挟む構造のペアガラス（複層ガラス）を使うのが標準になっています。最近では、３枚のガラスでふたつの空気層をつくる「トリプルサッシ」も登場しました。室内側のフレームがアルミ製から樹脂製に替わったことで、さらに断熱効果が高まっています。

しかしリフォームで窓をこのような「断熱窓」に替えようとすると、サッシ、フレームなどをまるごと交換する必要が出てきます。費用もかかりますし、マンションではできない場合がほとんどです。ガラスだけを複層ガラスに替える方法もありますが、フレームがアルミ製のままでは、あまり断熱効果は期待できません。

窓の断熱リフォームで、もっとも手軽でおすすめの方法は、窓を二重構造にすることです。現在の窓枠の内側に新たな窓枠を取りつけて「二重サッシ」にする方法なら、施工が簡単ですし、マンションでも許可が下りやすいというメリットがあります。遮音効果や防犯性を高める効果も期待できます。（114ページ写真②参照）

ただここで忘れてはいけないことがあります。二重サッシによって気密が高まる場合には、居室の外壁側の壁に、外の空気を入れる吸気口を必ず設け、24時間換気式などの計画的な換気をすることです。古いマンションなどでは吸気口がないこともまれにあります。吸気口を設けるための方針を、マンション全体で検討する必要が出てくる場合もあります。

窓のリフォームでサッシやガラスを選ぶときには、「熱貫流率（U値）」や「等級記号」を参考にしてください。「熱貫流率」とは、「室外側と室内側の温度差が1度の場合、1平方メートルあたりの窓ガラスに対して1時間のあいだに通り抜ける熱量」を表す数値です。この数値が小さいほど、熱が伝わりにくい、つまり断熱性能が高いということになります。窓の「等級記号」は星の数（最高4つ）で表され、「熱貫流率（U値）」が小さいほど等級が高くなります。

二重サッシが取りつけられない場合の対策

窓の構造によって二重サッシの取りつけができない場合は、既存の窓枠の上から新しい窓枠を取りつける「カバー工法」というやり方があります。壁や床を工事する必要がないので手軽にできますが、開口部がひと回り小さくなってしまうのと、価格が少し高めなのがデメリットです。

賃貸などで、二重サッシやカバー工法などのいずれの方法もとれない場合や、予算をかけずに少しでも窓の冷気を軽減したいという場合には、窓にハニカム構造のシェードを取りつけるという方法があります。

ハニカム構造とは、断面が蜂の巣（honeycomb）のような空洞になっている構造のこと。この空洞に空気の層がつくられるため、冬は室内の暖かい空気を逃がさず、夏は屋外からの熱気を遮ってくれます。（114ページ写真③参照）

ハニカム・シェードによる断熱効果を高めるためのポイントは、窓枠との隙間から冷気を入れないようにするために、両サイドに別売りのレールをつけることです。隙間をなくすことで、さらに効果が期待できます。生地の種類によって採り込む光の量が変わってくるので、選ぶ際には注意してください。

床と浴室の断熱化

リフォームで窓の次に断熱化を図りやすいのは、床です。窓と床の両方で断熱化を補強することで、さらに効果が高くなります。

「足元が冷える」と言って床暖房を希望される方は多いのですが、床下の断熱が充分でないと、いくら床を温めても熱が外に逃げてしまい、光熱費も高くなってしまいます。

床の断熱リフォームは、断熱材を敷く方法と、床下から断熱材を吹き込む方法があります。私も、床下からウレタンフォームを吹く工事に立ち会ったことがありますが、吹いている間にもみるみる寒さがやわらぐのを実感しました。床下に人が潜り込むスペースがあれば、床を壊さずに断熱材を吹くことができ、一日で工事を終えることができるので、検討してみる価値は大いにあります。

浴室も、断熱化したい場所です。

浴室には保温力のあるユニットバスを導入することで、浴室の床や壁から伝わる冷気を抑えることができて、高齢者のヒートショックの予防に役立ちます。入浴の前に、暖房機能で浴室と脱衣室をあらかじめ暖めておけば、さらに安心です。窓がある場合は、前述の断熱対策をします。

「輻射熱式」の暖房なら体にやさしい

暖房器具の選び方について、よく質問されることがあります。

現在もっとも普及している暖房はエアコンですが、エアコンは空気の流れによって熱を運ぶ

「対流式」の暖房です。以前は暖かい空気が上のほうにたまりがちでしたが、最近は性能が良くなり、省エネ化も進んでいます。

おすすめなのは「輻射熱式（ふくしゃねつしき）」の暖房です。

輻射熱とは、温度の高い物体から低い物体へ、電磁波によって伝わる熱のことです。輻射熱式の暖房は、まず壁や天井、床の温度を変化させて、それによって空気を少しずつ暖めていき、部屋全体を均一に暖めることができます。温風によってハウスダストやダニを巻き上げる心配がありませんし、石油ストーブやガスストーブのように燃焼によって排気ガスを発生させるものではないので、空気を汚さず、乾燥させないといったメリットがあります。

現在よく使われるようになった床暖房も、輻射熱式の暖房です。足元からふんわりと暖まり、ほかの暖房器具のように場所をとらないなど、さまざまなメリットがあります。

床暖房には、「電気式」と「温水式」の2種類があります。「電気式」は、床下に組み込んだ発熱体や蓄熱体を温めるというしくみ。いっぽうの「温水式」は、電気、ガスなどの給湯器でつくられた温水が、床下に通した配管を流れることで床を温めるものです。設置費用は「温水式」のほうが高額になりますが、ハイブリッドな給湯器を組み合わせることによって、光熱費はだいぶ抑えられるようになってきました。

もうひとつ、輻射熱式の暖房には、「蓄熱暖房機」があります。（113ページ写真①参照）

蓄熱暖房機は、耐火煉瓦（たいかれんが）や蓄熱煉瓦を夜間の安い電気で加熱し、昼間はその放熱を利用して部屋を暖めるというしくみになっています。充分に断熱化された戸建て住宅の場合、1階に大型の蓄熱暖房機を設置すれば、暖かい空気は上に上がるので、1台で家全体を暖めることも可能です。

ただし蓄熱暖房機は、家全体を暖めるのに時間がかかるので、エアコンのように必要なときだけつけるという使い方ではなく、寒い時期はつけたままにして使用します。そのため、**家にいる時間が長い人向きの暖房といえるでしょう。**また最近の電力事情により、大型のものは深夜の安い電力だけでは賄いきれなくなってきました。それなりに光熱費がかかることも考慮する必要があります。中型で効率の良い蓄熱暖房機が出ることを願っています。

とはいえ朝起きたときから家じゅうが暖かくなっていて、いつでも体にやさしい暖かさをキープできるという暮らしは、とても快適なものです。

廊下を設けないプランで家を暖かくする

玄関につながる廊下は冷気の通り道になるので、寒さの原因になることがあります。この場合、居室と廊下に気温の差があるので、ヒートショックも心配です。

そこで最近のリフォームでは、玄関に通じる中廊下をできるだけ小さくするプランにしています。廊下で各居室を結ぶのではなく、リビングを中心に、各居室をつなぐ間取りにします。玄関ホールがすぐリビングにつながるようにしたり、2階への階段をリビングから直接行けるように設けたりするのです。(132ページ間取り参照)

廊下をつくらない間取りの例

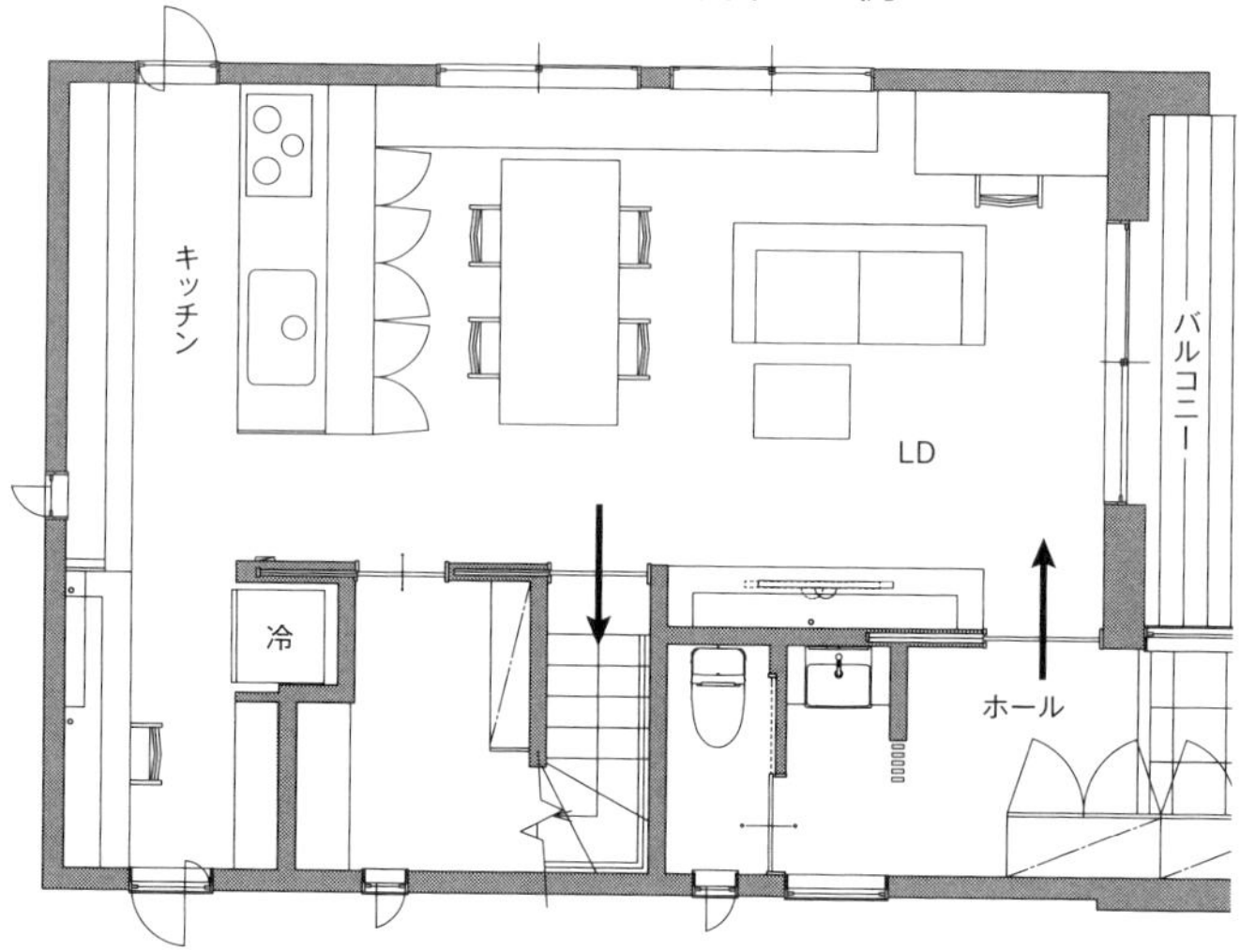

玄関ホールがすぐリビングにつながり、2階への階段もリビングから直接つながっている。

廊下をなくせば、居室を広く使えますし、動線も短くなります。寒暖差がなくなり、ヒートショックも予防できます。

ただしこれは、住まいの高断熱化ができていることが前提です。階段をリビングの中に設ける場合、階段部分が吹き抜けになるので、暖まった空気が上階に逃げてしまいます。対策として、1階に床暖房を採用したり、蓄熱暖房機を使ったりして、家全体が暖まるようにしています。

逆に暑い夏は、2階のエアコンを効かせることで、冷たい空気が下に降りていき、家全体に涼しい空気が回ります。

さらに天井にシーリング・ファンを取りつけることで、部屋の空気がかくはんされ、温度を均一にするのに役立ちます。

夏の暑さ対策

温暖化が進み、冬の寒さ対策以上に、「夏の暑さ対策」が重要な時代になりました。エアコンに頼りすぎない、「夏に涼しい」住まいが求められています。

日本では、「家は南向きがいい」とされてきました。しかし、これからの住まいでは、**南向きにこだわらなくてもいいのではないか**と思います。

直射日光が入る南向きの窓は、太陽の動きとともに光の角度が刻々と変わるので、カーテンやシェードで日差しを調整する必要があります。しかし東や北向きの窓であれば、穏やかな光を一日じゅう採り込むことが可能です。

高気密・高断熱の家で、ベースメイクを整えて、リビングの窓を眺望の良い東や北向きに考えることも、多くなりました。ときにまぶしいほどの光が入る南や西向きの部屋ではなく、均質で上品な光が入る東や北向きの部屋は、過ごしやすいものです。

昔ながらの建築のオーソドックスな手法ですが、「庇（ひさし）」を活用して強い日差しを和らげるのはとても効果的です。

南面に大きな窓がある場合は、庇を設けることで、夏も冬も快適になります。夏は高い位置にある太陽の強い日差しを遮ることができ、冬は低い位置にある太陽の日差しを採り入れるこ

とができます。（115ページ写真⑤参照）

夏に涼しい住まいにするには、冬に暖かい住まいにするのと同様に、壁の断熱性能を上げる、二重サッシにするなどの対策が有効ですが、それ以外に、珪藻土を仕上げに使った壁も効果があります。珪藻土は、「珪藻」という藻類の殻化石が堆積してできた岩石です。非常に高い吸湿性があり、湿度を調整してくれるので、室内の温度が高くても体感温度が下がり、涼しく感じられます。

気密化と換気システム

１９９７年にタイから帰国した私たちは、家族４人でマンション住まいになりました。すると半年ほどたったころに、７歳の娘がアトピー性皮膚炎を発症したのです。

最初は、環境が変わったことのストレスだろうかと思いましたが、どうもそれだけが原因とは思えません。病院に通いましたが、症状は改善することなく、私は「シックハウス症候群」を疑うようになりました。

マンションは気密性が高く、娘の部屋の窓には結露が発生していました。室内に使われている建材には、どうやらホルムアルデヒドが含まれているようでした。

そこで私たちは、少し環境の良い土地に家を建てる決心をしました。高気密・高断熱化したうえで、計画換気（後述）をすること、できるだけ自然素材を使い、とくに接着剤に気をつけることなどを念頭に計画しました。各部屋につけた吸気口から外の空気を取り入れ、排気は、大型の換気機械をひとつ天井の中に設置して、そこからダクトを各部屋につなぎ、室内の空気をゆっくり入れ替える「強制換気システム」を取り入れました。

こうして、マンションから今住んでいる家へと引っ越したところ、ほどなくして娘の症状が改善したのです。このときに私は、高気密住宅と換気の重要性を実感することになります。

暑さをむねとしてきた日本の住宅は、隙間風が入っていたので自然に換気がされていました。ところが気密化が進んだことで、「換気不足」が発生するようになりました。そこで問題になったのが、建材に大量に含まれていた、ホルムアルデヒドなどの有害化学物質による、「シックハウス症候群」です。

建築基準法が改正され、「シックハウス対策」が義務づけられたのは、娘の症状が改善した3年後の2003年7月のことでした。それ以降に建てられた日本の新築の住宅では、特定の化学物質の使用を禁止ないし規制すると同時に、24時間換気が義務化され、家の空気を1時間に0・5回入れ替える機器の設置が義務づけられました。

このように、常に外気の出入り口を明確にして、必要量の新鮮な空気を取り入れ、汚れた空気を排出し続けるシステムを「計画換気」といいます。計画換気により、シックハウス問題は解消されるようになりました。

家を新築するときやリフォームをするときには、**気密化と計画換気システムとの両方を行うことが必要になる**のです。

しかし換気システムが普及したことにより、吸気口から外気が入るので、換気によって、その分の住宅の熱（暖かい空気も冷たい空気も）が奪われてしまいます。つまり、その分冷暖房費もアップすることになります。

それを解決するために生まれたのが、「熱交換換気」というシステムです。

熱交換換気は、屋外に排出する汚れた空気から熱だけを回収し、新鮮な外気を室温に近づけてから室内に給気するというものです。これにより、換気による熱損失がわずかとなり、冷暖房費も大幅に削減することができます。

日本の住宅と「湿気」との闘い

住宅の冷暖房化が進むに伴って発生したのが、家の中と外の急激な温度変化による「結露」です。

窓ガラスが曇ったり水滴がついたりするという「表面結露」は、窓の断熱化によって解決できますが、やっかいなのは見えない結露の存在です。

木造建築の場合、室内の水分を含んだ暖かい空気が壁（断熱材）の内側に侵入し、冷えた外気と接することで起きる「壁体内結露」が、柱や土台を腐らせる原因となります。ビニールクロスに点々とシミがついているのは、そのサインです。これによる健康被害や、家の著しい劣化などが社会問題となりました。

結露ができない家にするためには、適切な換気をすることと、室内に冷えた部分をつくらないようにして、温度ムラを減らすことが必要です。現在の新築住宅では、外壁を二重にして、空気の層をつくる方法で、壁体内結露を防止しています。二重壁になっていない古い住宅の場合には、慎重に壁の断熱工法を選ぶ必要があります。たとえば外壁に高性能のグラスウール断熱材を入れ、さらに室内側に慎重に防湿気密フィルムを貼るという工法もあります。

内装材に、調湿性の高い建材を使うのも効果的な方法です。天然素材である珪藻土や漆喰(しっくい)は吸放湿性が高いので、許容吸湿量であれば、一定の結露対策には効果を発揮し、カビの発生を抑えることができます。

もっと手軽な方法として、エアコンのように壁に取りつけて除湿ができる、「壁掛け式除湿器」も最近注目されています。湿度を含んだ空気をそのまま戸外に排出するしくみなので、水を捨てる手間がいりません。壁掛け式なので、置き型の除湿器のように場所も取りません。設置工事が必要ですが、今すぐリフォームや新築を考えていない人、早急に解決を望む人には、選択肢のひとつになるかもしれません。

良質な「ストック住宅」を増やす

近年の日本の住宅は、築年数が浅いものがほとんどです。とくに戦後から高度成長期にかけて、「つくっては壊す」という新築重視の考え方で住宅と向き合ってきたのが、大きな理由です。「結婚して、家を建てたら一人前」という考えの人も多く、「世代が変わったら家を建て替える」こともめずらしくありませんでした。

いっぽうで、現在は日本の住宅の7・5戸に1戸が「空き家」という実態があります。そこで若い人を中心に、中古住宅（ストック住宅）を自分たちに合ったスタイルにリフォームして住むことにも注目が集まっています。「新築がいちばん」という常識が、変わってきているのです。質のよい中古物件を見つけて、リフォームして住むのはいい考えだと私も思います。

２０１１年3月に閣議決定された「住生活基本計画（全国計画）」の見直しでは、「住宅の質の向上」「適切に維持管理された住宅ストックの循環利用」などが目標に掲げられました。「価値あるものをつくり、きちんと手入れをして、長く大切に使う」社会へと、舵を切ろうとしているのです。「住生活基本計画」は、その後も5年ごとに見直され、循環型社会への転換を推進しています。

今までの新築重視の考え方を見直し、すでにある住宅をリフォームしながら長く大切に活用していくことも、選択肢に加えてはいかがでしょう。同時に、新築する場合も「長く住み続けられる家」をつくることが課題になっています。

2. 薄暗さ、狭さをがまんしない暮らし

明るさをあきらめない

薄暗さをがまんして暮らしている人は、少なくありません。明るいのはリビングだけで、ほかの部屋は昼間でも照明をつけなくてはいけない、という家がよくあります。

自然の光が差し込む空間にいると、気分が明るくなります。設計した家に住み始めた方から、「この家に住んで初めて、季節や時間によって差し込む光が変わることに気づきました。その光が壁に映る表情を見ていると、幸せな気持ちになります」というお手紙をいただいて、私も気持ちが明るくなった経験があります。

隣の家と近接している一軒家の場合、2階に比べると1階が暗くなりがちです。明るくするために窓を増やしたり大きくしたりしますが、それだけでは限界があります。

解決方法として、**リビングやダイニング、キッチンなどのパブリック・スペースを、2階にっくる**という手があります。一日でいちばん長い時間を過ごす部屋を明るい場所にもっていくだけで、生活は一変します。明るさがそれほど重要ではない寝室や浴室などのプライベート・スペースは、1階でも問題ないという考え方です。（140ページ間取り図参照）

もうひとつは、リフォームの場合、もしリビングやダイニングの上に使っていない部屋があるのなら、その部屋の床を抜いて、吹き抜けをつくるという方法です。2階の窓はそのままにして吹き抜けをつくることで、1階まで明るい光が差し込みます。構造の検討は必要ですが、やってみる価値はおおいにあります。（141ページ間取り図、114ページ写真④参照）

パブリック・スペースを
２階にして
明るさを確保した例

〈２階〉

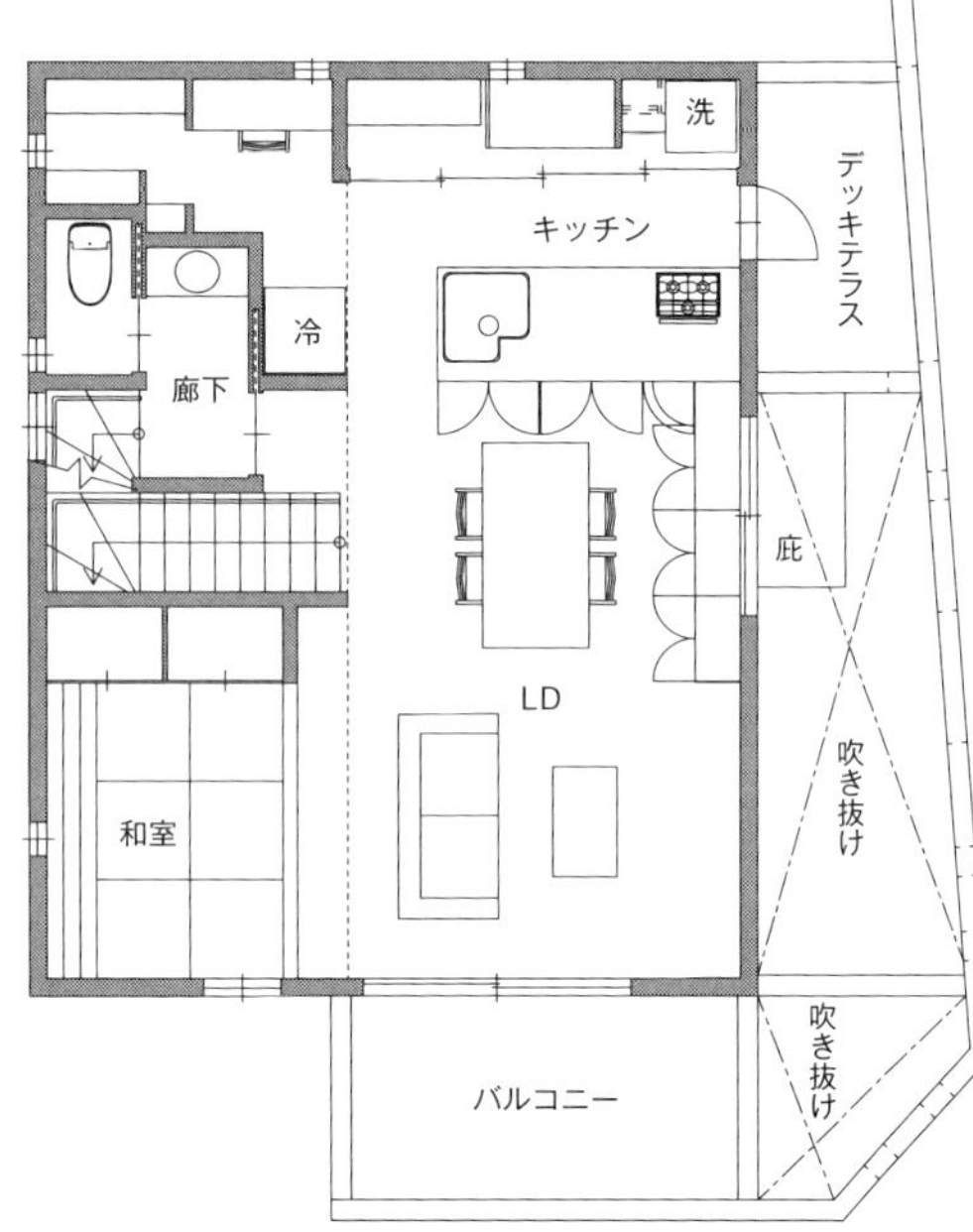

〈1階〉

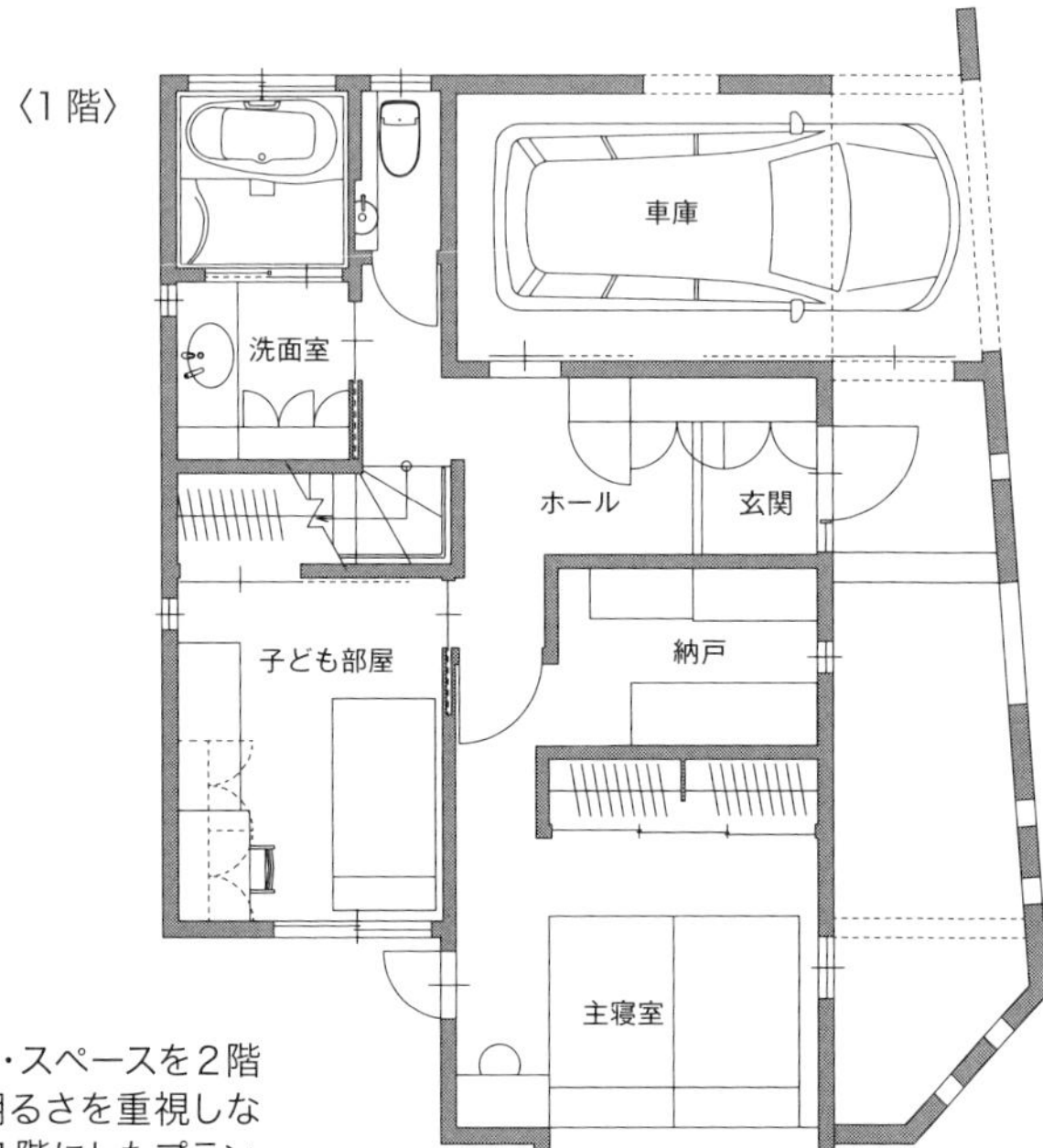

リビングなどのパブリック・スペースを２階にして、寝室や浴室など明るさを重視しないプライベート・スペースを1階にしたプラン。

吹き抜けをつくって１階まで明るくした例（写真／P114-④）

〈リフォーム前（２階）〉

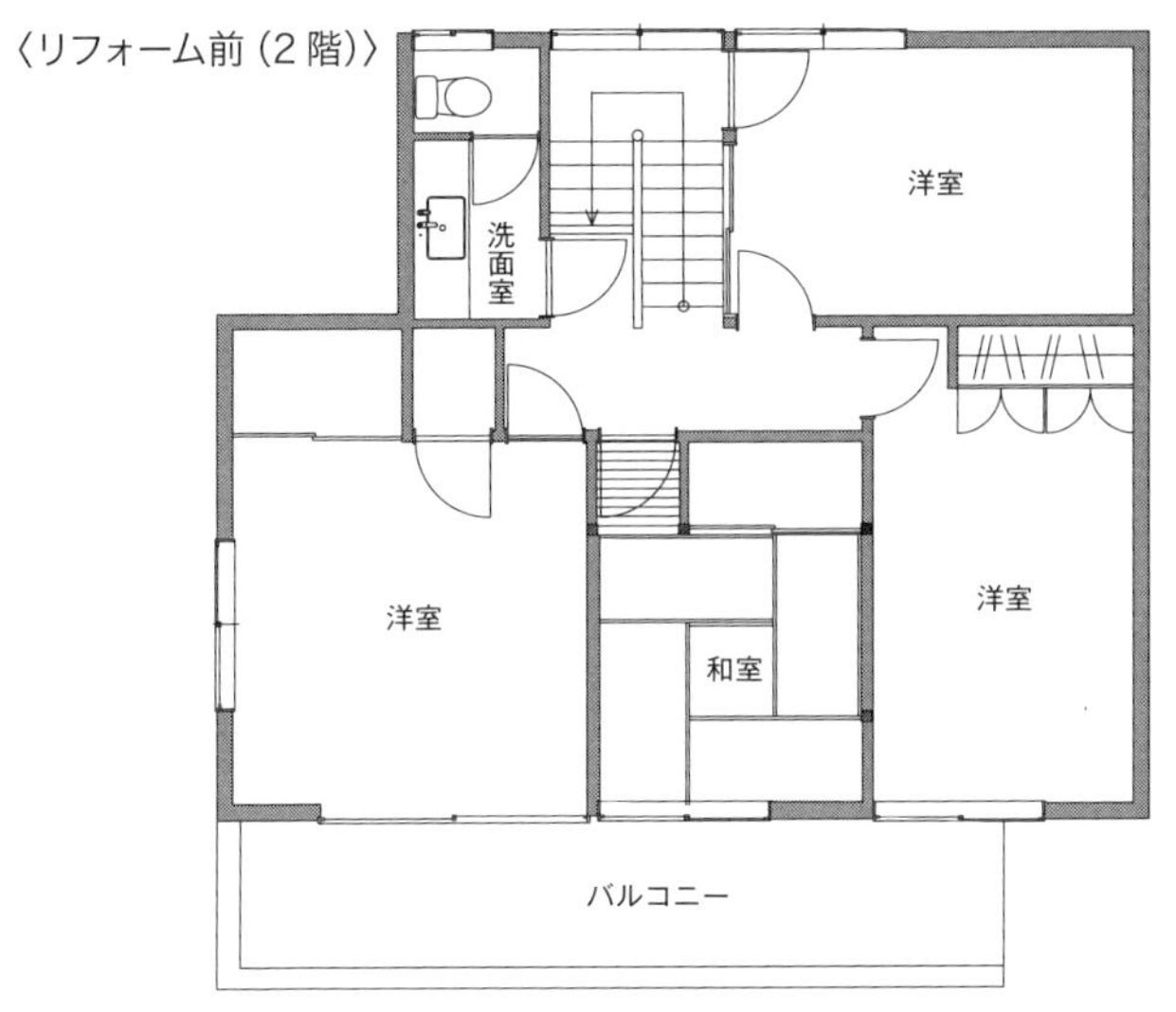

〈リフォーム後（２階）〉

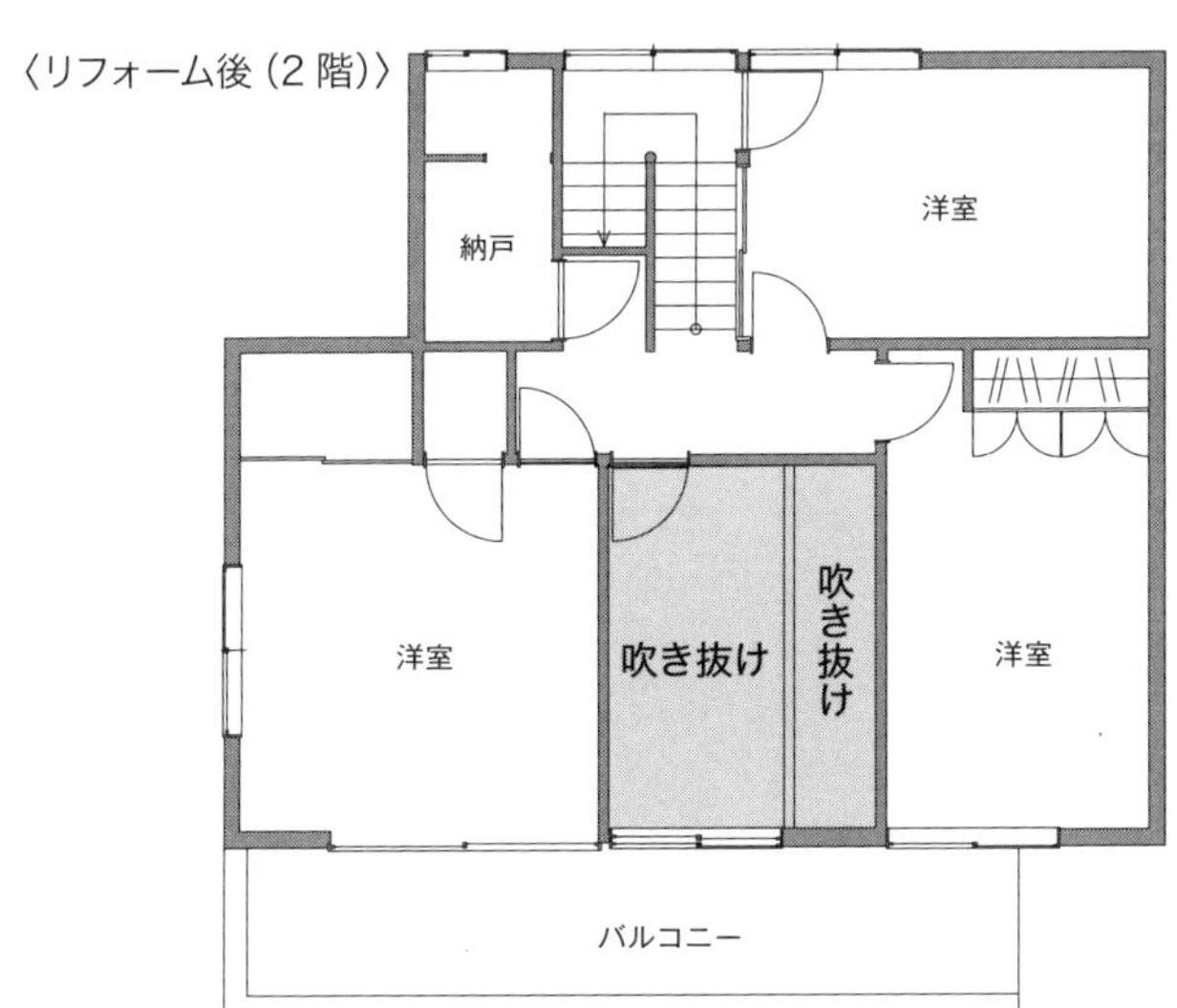

使っていなかった２階の和室の床を抜いて吹き抜けにしたことで、１階まで明るい光が差すようになった。

マンションでは、廊下や玄関も光が入りにくい場所です。廊下は、リビングなどに続く扉にガラスを入れて、光を採り入れられます。玄関は、隣り合う居室の光をもらうことで、明るくすることができます。（115ページ写真⑥参照）

窓のない部屋ができてしまうときは、隣の居室との間の壁に高窓をつくって光を入れることもあります。これらは、リフォームでぜひ検討したいところです。

部屋を仕切る壁を取り払う

バルコニーまたは明るい方を向いた部屋が複数並んでいる場合は、**部屋と部屋の間にある壁をできるだけ取り払うことで、明るい家になります。**窓からの光が、間仕切りの壁でさえぎられることなく、日中を通して部屋の奥まで差し込むようにするのです。この方法を取り入れてリフォームした方からは、「夕方まで照明をつける必要がなくなり、まるで同じ家じゃないみたいです」と喜ばれています。（左ページ間取り図、116ページ写真⑦参照）

もし完全にひと続きの空間にできない場合でも、引き戸を窓側に設けてふだんは開け放しておけば、明るい空間にすることができます。

外の光を期待できない部屋は、**明るい部屋とその部屋を仕切っている壁に窓をつくることで、光を採り込む**ことが可能になります。（116ページ写真⑧参照）

Iさんは、マンション住まいです。晴れた日はリビングの窓から遠くに富士山が眺められるのが気に入っています。リフォームにあたって、「浴室からも富士山を眺められるようにした

居室の間の壁をなくして明るさを確保した例（写真／P116-⑦）

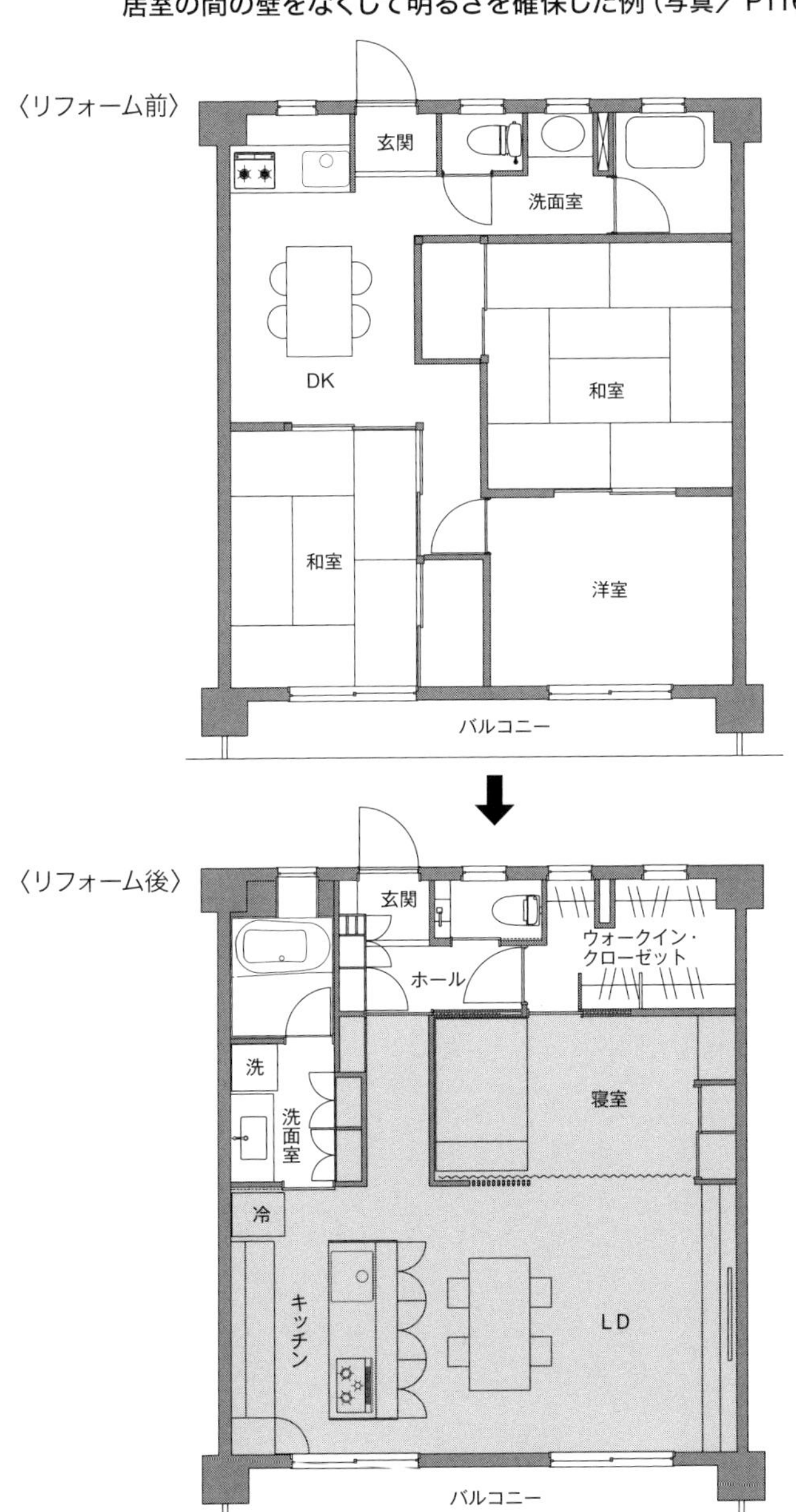

南向きの居室の間の壁を取り払い、ひと続きの空間にしたことで、光が奥まで長時間差し込むようになった。

い」という要望がありました。夫はお風呂が好きで、定年になってからはゆっくり朝風呂に入るのが楽しみのひとつです。

しかしマンションですから、間取りの自由度に制限があります。南側の明るい場所にはリビングやダイニング、キッチンを配置するので、浴室に窓というのはかなりの難題です。

これを解決したのが、「部屋と部屋の間の窓」です。浴室とキッチンの間にある壁をくりぬいて窓を設けたことで、浴室からキッチン越しに富士山を眺められるようになりました。（116ページ写真⑨参照）

「窓は外につながっているもの」という固定観念を取り払い、部屋と部屋の間に窓をつくるという発想で、明るさや眺望を確保することも可能になります。

カーテンを開け放して暮らせる家に

昼間でも家が薄暗い原因は、家のつくりだけではありません。せっかく大きな窓があるのに「一日中レースのカーテンを閉めっぱなし」という家も多いものです。カーテンを開けると、外を歩く人の視線が気になったり、隣の家の人と〝お見合い〟になってしまうのが原因です。「レースのカーテンは開けないのが普通」と思っている人もいるのは残念です。

窓は大きければ大きいほうがいいと思っている人もいますが、そうとは限りません。**カーテンを開けられないのでは、せっかくの大きな窓も意味がなくなります。**

もしカーテンを開け放って外の緑を眺められ、光を部屋いっぱいに採り入れることができたら、快適だと思いませんか。

新築の場合は、昼間はカーテンやシェードを開け放して暮らせるように計画します。庭を壁で囲ったり、庇を出したりすることで、外からの視線を遮るのです。可能なら小さくても中庭をつくって、リビング・ダイニングが中庭に面するような間取りにすれば、外の視線を気にすることはなくなります。

これらの方法が難しい場合は、大きな窓ではなく、代わりに高窓（ハイサイドライト）や天窓（トップライト）をつくって明るさを確保します。これらの窓を有効に配置すれば、外の視線を気にせずに多くの光を採り込むことができます。（117ページ写真⑩参照）

また、天窓の下に吹抜けをつくると家の中全体が明るくなりますし、採光はもっぱら天窓からで外壁の窓には期待しない、と割り切るのもひとつの方法です。空気の流れや風の出入りが必要な場合は、トップライトを雨センサーつきの開閉式にすることもできます。足元に近いところにも窓を設置して、光を補うという手もあります。

カーテンをシェードに替える

明るさを確保しながらプライバシーを守りたいけれど、大がかりなリフォームをしたくない場合、窓の大きさはそのままで、カーテンをブラインドやシェードに替えるという手軽な方法もあります。

ブラインドなら、角度を調節して光を採り込みながら、外からの視線をシャットアウトすることができます。下だけでなく上下が開けられるタイプのシェード（プリーツスクリーンやハニカムスクリーンなど）なら、目線の気になるところだけを隠すことも可能です。（117ページ写真⑪参照）

シェードが解決してくれるのは、プライバシーの問題だけではありません。「ベランダや庭に干している洗濯物が、リビングから丸見えなのが気になる」という人にも大変役立ちます。上下が開くシェードなら、明るさを確保しながら、洗濯物を干している部分だけ隠れるようにすることができるのです。

最近では、ロールスクリーンタイプの「レースシェード」も人気です。スラット（羽根）を前後2列のレースが支える構造で、スラットを開いたり閉じたりすることで、外からの視線や光の量を調整できます。レースを通したやわらかな自然光が部屋に入るのも魅力です。（118ページ写真⑫⑬参照）

狭さを克服する

限りあるスペースのなかでもできるだけ広々と感じられる空間づくりをしたいと、誰もが考えるでしょう。そのために、いくつか具体的な手法をご紹介します。

・視線の先が抜けるようにする

部屋に入ったときに、目線の先にすぐ壁や突き当たるものがなく、空間が抜けていると、広く感じられます。

たとえばリビングのとなりに和室がある間取りなら、リビングの入り口から奥の和室が見えるようにします。和室の入り口の引き戸を開け放しておくと、視界が抜けるので、開放感が出ます。（119ページ写真⑮参照）

部屋の間仕切りを設けるときに、天井まで閉じるのではなく、低めの家具で仕切って視覚的な広がりを持たせるというやりかたもあります。

・垂れ壁を取り除く

ふたつの部屋を仕切っている引き戸を開けると大きなひとつの空間になるような間取りは、便利です。しかし戸の上に垂れ壁があると、引き戸を開けても一体感が得られず、部屋は広く感じられません。

人は屋内に入ったときに自然と目線が上に行くので、部屋の仕切りや垂れ壁などで、部屋の区切りを意識させないことが大事です。引き戸以外のドアや、壁面収納も同様です。最近では、既製品でも「ハイドア」という背の高いドアが出ています。

・背の低い収納や家具を活用する

カウンター収納など背の低い収納は視線を遮らないので、狭さを感じさせません。リビングやダイニングを広く見せたいときに、効果的です。収納がカウンターだけで足りない場合は、上部に浮いた吊り戸棚を設けます。吊り戸棚とカウンターの間に空間をつくることで、視界が抜ける分、広がりを感じさせます。（118ページ写真⑭参照）

・ソファを置かない

リビング・ダイニングがあまり広くない場合には、ソファを置くのをやめて、低めのダイニングセットだけにするのもいさぎよく、部屋が広々とします。ダイニングの椅子を、座面が広く低いものにすることで、ソファがなくてもくつろぐことができます。高齢者の方には、低い椅子のほうが、ソファより立ち上がるときにも楽です。（2章40ページ写真㉔参照）

・廻り縁や巾木の色を揃える

天井と壁の境にある廻り縁や、壁と床の境にある巾木を、壁と違う色にしてメリハリをつけることもありますが、部屋の区切りがはっきりと線を引いたように見えて、狭く感じがちです。そのため狭い部屋の場合は、廻り縁や巾木の色は壁や天井と同じにするか、廻り縁は「つけない」のもおすすめです。

・「黒い」部屋より、「白い」部屋にする

壁や天井の色は、明度が高い、つまり明るい色のほうが広く見えます。白っぽいほうが圧迫感がないうえに光の反射率も高いので、部屋全体を広く、明るく見せる効果があります。

・カーテンでなくシェードを使う

ドレープカーテンだと、壁から20センチくらい手前の位置までカーテンが占めることになりますが、シェードは5センチほどの厚みしかないので、カーテンにするより部屋を広く使えます。さらにシェードをサッシの枠の中に収めることができると、すっきりします。

・鏡を活用する

大きな鏡があると、空間が続いているように錯覚させることができるので、狭くて圧迫感がある場所には効果的です。寝室の収納の戸の1枚を全面鏡にしたり、玄関に、幅が狭いものでも床から天井までの鏡をつけたりすると、実用も兼ねつつ、広さを感じさせます。

・収納を浮かせる

つくりつけの収納を床から浮かせると、床が続いているように見えて、床面積を広く感じさせる効果があります。小さな和室では、押し入れを床から浮かせて「吊り押し入れ」にします。

（3章78ページ写真⑲参照）

・水平ラインを強調する

つくりつけの収納やカウンターを設ける場合は、できるだけ幅を広くして、水平ラインを強調するとのびやかな広がりが出ます。テレビ台などにもこの手法は有効です。さらに、テレビの上にテレビ台と同じ幅の棚を1枚か2枚設けると、空間がしまってすっきり見える効果があります。（119ページ写真⑯参照）

天井の高さには注意

天井を高くすると、部屋が広く見えると思っている方が多くいます。しかし、狭い部屋の場合はプロポーションが悪く、逆効果になる場合もあります。よく「天井は240センチ以上欲しい」という方がいますが、それよりは、梁型やダクトによって生じる天井の凸凹を上手に隠すほうが、空間としてはきれいです。ときには思いきって天井を下げたり、段差のできるとこ

ろに間接照明を入れたり、少しでも美しく見せる工夫は効果的です。（120ページ写真⑰参照）
人の視野では、自分が立っている場所の天井の高さは、頭がぶつかりそうなほど低くない限り、実はあまり気にならないものです。もし真上の天井が低かったとしても、そこから奥にかけて高くなる斜め天井になっていれば、広く感じさせることさえできます。狭いところがあるからこそ、対比で広く感じられるのです。（5章157ページ写真⑫参照）
大切なのは、目線を意識すること、さらに空間にメリハリをつけることです。

音の問題を解決する

がまんしながら暮らしている原因のもうひとつに、「音」の問題があります。
たとえ家族であっても、生活時間のずれで生じる音は、気になるものです。木造の場合や、二世帯住宅ではとくに、「上階からの音」の対策は重要です。対策としては、2階の床に防音シートを敷く方法がありますが、もっとも効果的なのは、上下の部屋の配置を工夫することです。
上階に、子ども部屋やトイレ、洗濯機など**音の原因になるものがある場合には、その真下に寝室やリビングなどをつくらない**ようにします。トイレや浴室といった水まわり、玄関など、音がしてもそれほど気にならない部屋にすれば、あまり問題なく暮らせます。1階の寝室の上にはあえて部屋を設けず、バルコニーなどにするのもよいでしょう。（左ページ間取り図参照）
ところで最近では「廊下を設けない」間取りも増えてきました（131ページ参照）。リビングから直接トイレに行けるような配置も見かけますが、ここで発生する「トイレの音問題」は重

二世帯住宅で音の対策をした例

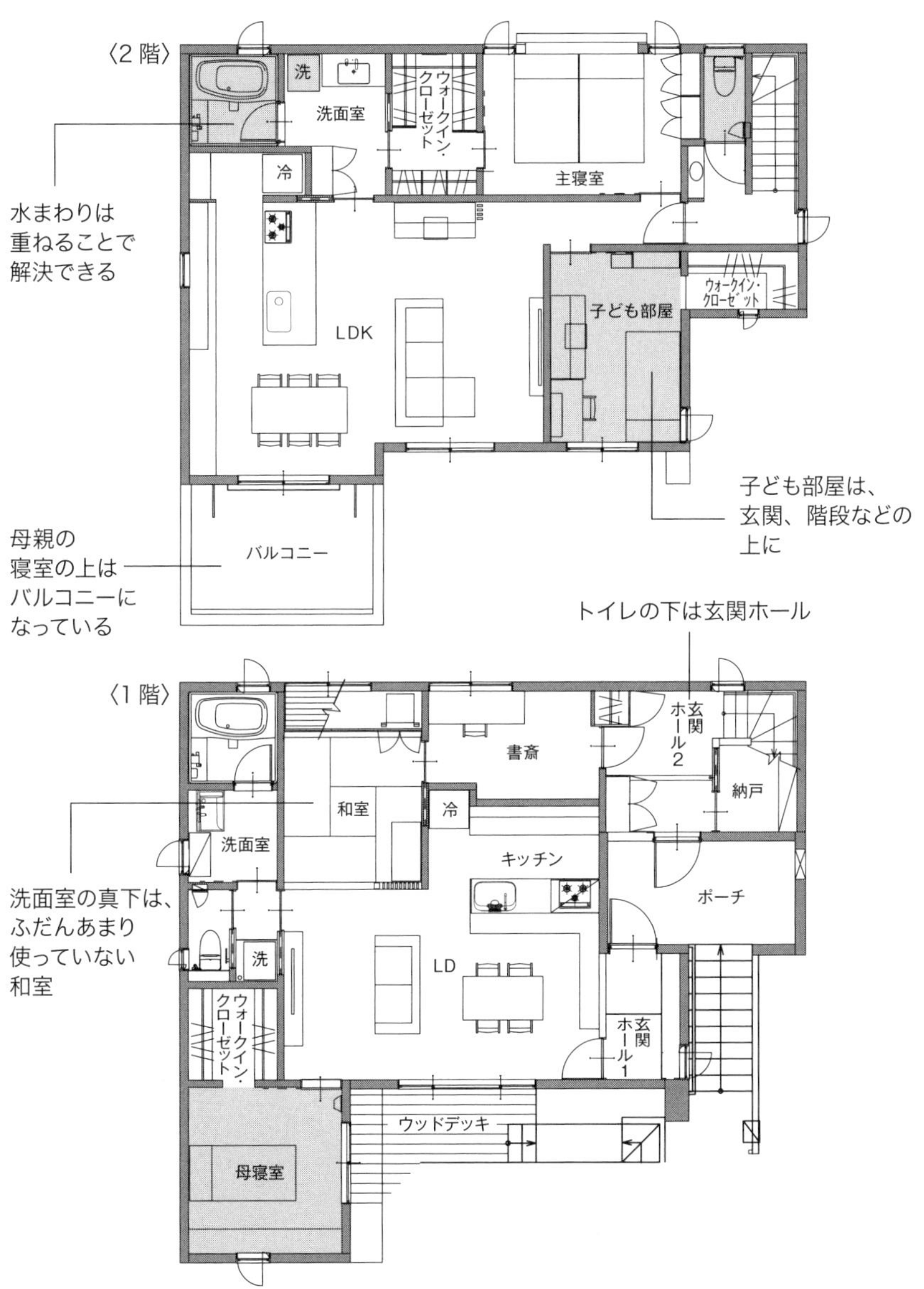

1階の寝室の上にはあえて部屋を設けず、バルコニーにした。2階の子ども部屋やトイレ、洗濯機など音が心配な場所の下は、水まわりや玄関など、音がしても気にならないスペースに。

要です。トイレの中の音が、リビングにいる人に聞こえやすくなってしまうため、とくに来客がいるときは、気まずいものです。トイレは、たとえば玄関ホールから行けるようにするなど、パブリック・スペースから1枚ドアの外に設けるのが鉄則ではないかと思います。

外からの騒音は、前述の二重サッシを採用することでかなり解決できます。大きな通りに面している家の場合は、とくに効果が実感できるようです。家の中の音を外に出さない点でも有効で、ピアノの音なども、ある程度は小さく抑えることが可能です。（120ページ写真⑱参照）

もし、楽器や歌の練習を長時間したいという場合は、「防音室」にすることも検討してはどうでしょうか。天井や壁、窓を遮音性の高いものにして、防音性の高いドアを使うことで、音が外に漏れないようにできます。がまんせずに、好きなことに思いきり打ち込めるようになったら、暮らしはより楽しくなるはずです。

第5章　「片づく」の先にある理想の住まい方

①ドアを開けて最初に目に入る場所が、フォーカル・ポイント。フォーカル・ポイントを美しくすることは、家全体の印象をアップさせる効果がある。

②玄関のフォーカル・ポイントは、訪れた人にとって、その家全体の印象につながる重要な場所。

③ウッドデッキに1枚板塀を設けて、その裏に洗濯物を干し、リビングなどから見えないようにする。板塀には隙間を開けて、風を通す。

⑤エアコンや配管を目立たせないため、埋込みエアコンとし、配管を斜めの壁に隠した。

④エアコンをルーバーの中に収め、ルーバーと収納扉の面をそろえて目立たせないようにした。

⑥サッシの上の垂れ壁を見せないようにするため、シェードを、窓枠からではなく天井から吊るしている。

⑦構造上取れない柱は、ルーバーの一部にして目立たせない。奥にある仏壇を目立たせないようにする効果もある。

⑨ AV 機器のコード類は、壁や造作家具の中を通してできるだけ見えないようにする。

⑧無機質なロールカーテンのメカを隠すために、天井を上げてカーテンボックスにしている。

⑪ 30年以上使い続けているマレンコのソファ。低いカウンター収納は圧迫感がない。

⑩つくりつけの壁面収納は、周りの壁と同色にして、垂れ壁を設けず天井から床までの扉にすると、空間に溶け込む。

⑫アジアの家具や工芸品を、インテリアのアクセントに。

⑬ツーバイフォー住宅のリフォーム。取れない垂れ壁を利用して照明を入れ、リビングのメイン照明にしている。

⑭低い照明で緑を照らしながら、門から玄関までの長いアプローチを誘導している。

⑯ウッドデッキなどを活用して庭の面積を小さくすることで、植栽の手入れを楽にすることができる。

⑮視線の先にあるのは、グリーンを切り取った「ピクチャー・ウインドウ」。絵画のように楽しめる。

⑰和室は畳に座るため、目線が低くなることを考慮して、飾り棚の高さを決める。

⑳ドアハンドルなどの小さいパーツもインテリアの一部。自分の好きなスタイルを表現するためにはこだわりたい。

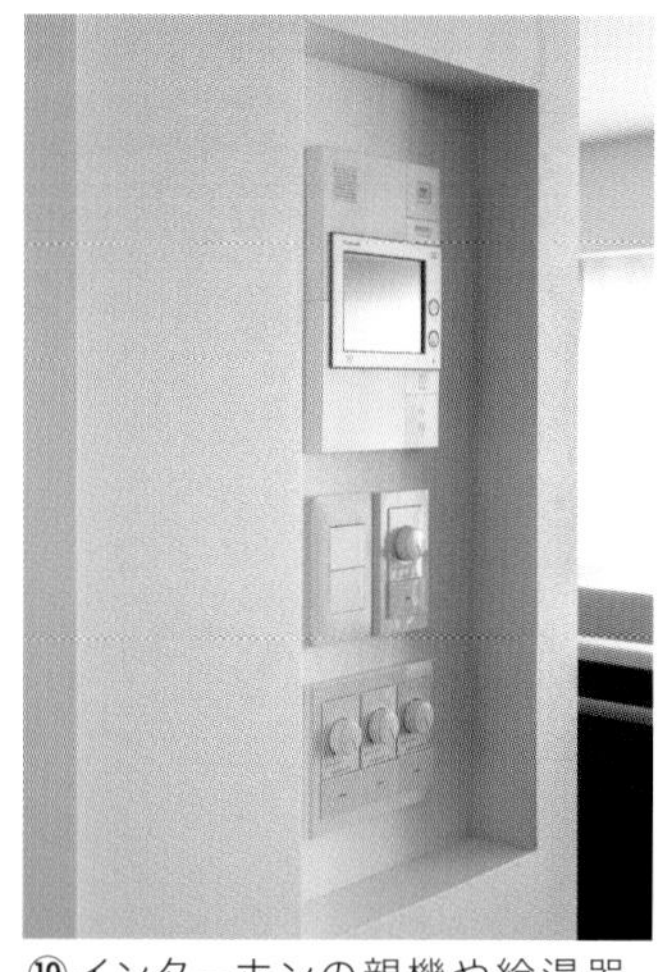

⑲インターホンの親機や給湯器、床暖房の操作パネルなど、サイズの違う機器やスイッチが並ぶ場合は、壁を少し凹ませて、1か所にまとめてつける。

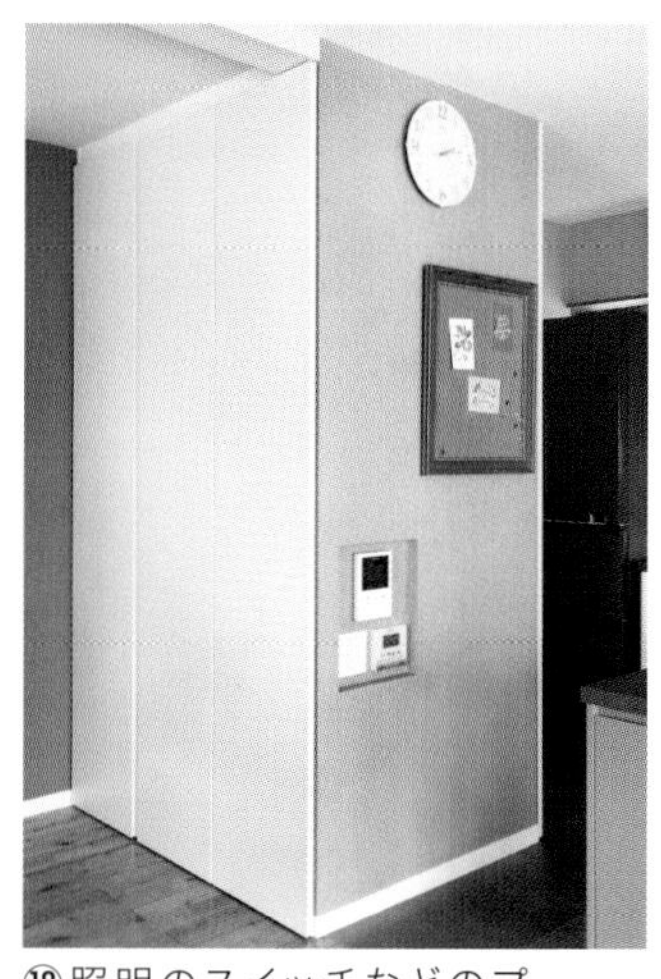

⑱照明のスイッチなどのプレートを、床から70センチのところに配置。目線に入りにくくなる。

㉑リビングの壁面収納の下を一部オープンにして、猫の寝床置き場に。通路にはみ出さないのでじゃまにならない。

1. 住む人に寄り添う家

動線のまずさが住みづらさの原因に

若いころに読んだ建築家の渡辺武信さんの著書のなかに、こんな文章がありました。

「住む人が、精神的な嵐に逢ったときに頼りになるのは、住み手の生活観・人生観に調和し、またある程度住みならされることによってその調和が時間的な厚みとなって蓄積された結果、その人にとって「これが私の場所だ」と思える感じが、すみずみまで行きわたっている家であろう」（『住まい方の思想―私の場をいかにつくるか』中央公論新社、1983年）

私は大学を卒業した後、9年間勤めた建設会社で商業施設やマンションなどの設計をしました。その後、仕事を離れて夫の赴任地のバンコクで暮らし、帰国後、38歳のときに友人と設計事務所を始めました。こんな経歴ですから、木造の個人住宅の設計については誰かに師事したわけではなく、自分流でやってきました。

ただ、この渡辺さんの言葉が自分のなかにいつもあるような気がします。設計する家は、私にとっては作品ではありますが、**いちばん大切なのは、これからずっと住む人が居心地よく、**

「ここが自分の居場所だ」と思える家であることだと考えています。

それには、新築でもリフォームでも、依頼してきた方が、現在どのような暮らし方をしているのかを共有し、これからの住まいにどんな提案をしたらいいのかを一緒に考えることがとても重要だと思っています。そのため、設計する前には必ず、現在の住まいを訪ねることにしていますが、実際に足を運んでみると、動線や収納のまずさが住みづらさの原因になっていることが多いのです。そんな家には必ず物があふれ、住んでいる人がストレスを抱えています。それなのに、「手際が悪いから家事に時間がかかってしまう」「片づけが下手だから散らかる」と、自分を責めている方がたくさんいるのです。

住宅は人を幸せにも、不幸にもするということに気づかされ、私が設計する住宅はけっして人を不幸にしてはいけないという思いをもつようになりました。

「いつ人が来ても大丈夫」な家

15年ほど前のことです。これから家を建てる予定の方に、以前私が新築の設計をした○さんのお宅を見てもらうことにしました。

突然の思いつきだったので、恐縮しながら「近くまできたので、外観だけでも見せていただけないでしょうか」と言う私に、○さんは「あいにく妻は留守ですが、ぜひ家の中へもお入りください」と快く応じてくれました。「こんなに急では家の中も片づいていないだろうし、申し訳ない」という私の予想に反して、家の中は美しく整っていました。

Oさんは、「おかげさまで片づけが楽なので、妻も、いつ人が来ても大丈夫だと喜んでいます」と言っていました。家を建てる前は、社宅暮らしで、毎日の家事と片づけに追われていた方です。「条件さえ揃えば、誰でも家の中を美しく保つことは可能なのだ」と、実感したできごとでした。

このときから、「いつまでも美しく暮らせる家」をつくるための確実なセオリーを考えることが、私の住宅設計の大きなテーマになりました。そんな家を実現させていくうちに、さらに副産物として得たのが、「暮らしやすい住まいは美しい」というシンプルな原則です。「収納」と「動線」が整った暮らしやすい家であれば、美しいインテリアを実現しやすく、片づいた状態をキープするのにそれほど努力は要らないのです。

「守られている」と思える家

家はまた、住む人と一緒に生きていくものだと思います。

私の母は、83歳のときに父に先立たれてひとりになりました。私たちと同居することも提案しましたが、「住み慣れたこの家に住み続けたい」という本人の希望で、92歳の今もひとりで暮らしています。「寂しくないの」という私の問いに、「家が守ってくれている気がして、ここにいると安心できる」と答えます。

この家には、夫や子どもたちと暮らした長い時間の積み重ねがあり、思い出があります。すみずみまで自分で手入れをして知りつくしている場所ですし、置いてある物にはどれもこれも歴史があり、愛着があります。「守られている」と感じられるのは、まさしく、この家を「自分の居場所」だと思えるからでしょう。

1章（28ページ）でご紹介したNさん夫妻は70代でしたが、駅から遠く、坂の多い住宅地に住んでいました。子どもたちはふたりに住み替えを勧めましたが、Nさんはこう言いました。「たとえひとりになっても、誰にも看取られなくても、最期までこの家に住みたいのです」

30代で人生をまだよく知らない私でしたが、その凛とした言葉に心が震えたのを今でも覚えています。

「自分の居場所」そして「守られている」と思える家で、人生最後の日々を送ることができたなら、それはとても幸せなことに違いありません。

2. 家を飾る前にやるべきこと

まずは見せたくない物、見たくない物を隠す

「居心地がいい」と思える空間は、一人ひとり違うでしょう。何もなくてスッキリした空間を居心地よく感じる人もいるでしょうし、自分の好きな物があちこちに飾ってある空間が好きという人もいます。しかし「これが自分の居場所だ」と思える居心地のいい空間は、やはり普遍

的な住みやすさがあったうえで実現するものです。

そのために何よりも大切なのは、３章でご紹介したような「自然に片づくシステム」があることです。家の中が整って、よけいな物が一切出ていない空間では、見せたい物をより際立たせて見せることができます。そしてそれが、ストレスのない居心地の良さにつながっていくのです。

家を美しく見せるためには、**見せたい物を飾るよりも、見せたくない物を隠すことのほうが重要**です。どんなに素敵なものがたくさん飾ってあっても、脱いだ洋服が置いてあるだけで、その空間は台無しになります。それを知ることが、インテリアを楽しむための第一歩なのです。

「フォーカル・ポイント」を知る

居心地のいい空間をつくるために、知っておいてほしいインテリアのテクニックがあります。それは「フォーカル・ポイント」です。

フォーカル・ポイントとは、「空間の中で自然に視線が行く場所」のこと。たとえば、ドアを開けて部屋に入ったときに目に入る場所が、最初のフォーカル・ポイントです。訪れた人にとっては、その場所の印象が家全体の印象につながります。つまり、**フォーカル・ポイントを美しくすることは、家全体の印象をアップさせる効果があるのです。**

一流のホテルやレストランに行くと、必ずフォーカル・ポイントに豪華な花が生けてあったり、印象的なアートが飾られていたりと、「しつらえ」が施され、アイキャッチになっているはずです。デザイナーによって計算され、仕掛けられた、いわば「視覚のマジック」なのです。

日常の住まいでも、この手法を活用することで、インテリアを効果的に演出することができます。とくに大事にしたいのは、玄関とリビングのフォーカル・ポイントです。あなたの家の玄関やリビングの扉を開けて最初に目に入るのは、どんな景色でしょうか。もしフォーカル・ポイントが殺風景だったり、生活感あふれる物が置いてあったりすると、訪れた人の家への印象はあまり良くないかもしれません。

フォーカル・ポイントは、お客様のためだけにあるのではありません。住んでいる家族や自分も、心地よさや安らぎを感じられるように、そこに好きな物を飾ったり、美しい家具を置いたりして、気持ちの良い空間にしてはいかがでしょうか。

もし物を置くスペースや飾る物がないという場合は、フォーカル・ポイントの壁を、インテリア性の高いものにするという方法もあります。タイルなど凹凸のある壁には、光と影がつくりだす美しさを眺められる楽しさもあります。

フォーカル・ポイントを上手に使えば、手軽に家の印象を大きく変えることができます。

（153ページ写真①、154ページ写真②参照）

「ブラインド・ゾーン」を利用する

フォーカル・ポイントと同様に、知っておくとインテリアを整えるために役立つテクニックがあります。それは、**見たくない物、見せたくない物を、「ブラインド・ゾーン」に移動させると**

いう方法です。

ブラインド・ゾーンとは、「人の目線が行きにくい場所」のこと。たとえばドアの両脇の壁、家具の陰になる場所、机の下などは、目線に入りにくく、多少雑然としていても気になりません。そういう場所に、カレンダーや雑誌、書類、ゴミ箱、プラスチックの収納用品などを移動させるだけで、部屋の印象がずいぶん変わるはずです。

ブラインド・ゾーンは、見せたくない物を置くことができる便利な場所です。

とはいえ、いつも見慣れた景色のなかでは、何が悪いのか、何を隠すべきなのか気がつきにくいものです。そういう人はまず部屋の入り口に立って、ごく自然に目に入る風景を写真に撮ってみるといいでしょう。写真だと、客観的に自分の住まいを見ることができます。そのうえで、「これは目に入らないほうがいい」と思う物に○をつけていきます。○をつけたものを「ブラインド・ゾーン」に移してみてください。

干している洗濯物を隠す

目線に入れたくない物のひとつが、バルコニーに干してある洗濯物です。どんなに素敵な庭があっても、風に揺れる洗濯物が視界に入ると、生活感が庭の風景を圧倒してしまいます。しかし現実には、これをあきらめている人が非常に多いのです。

洗濯物を外に干したい場合には、部分的に1枚板塀を設けて、その裏に干し、リビングやエントランス、外などから見えないようにします。板塀には隙間を開けることで、風を通して乾

きやすくします。（154ページ写真③参照）

それが難しい場合は、145ページに書いたように、シェードを使って、家の中から洗濯物が見えないようにするという方法があります。

カレンダーを飾る習慣をやめてみる

海外の家ではほとんど見かけませんが、日本の家庭では、壁にカレンダーを貼る習慣があります。なかには、すべての部屋にカレンダーを貼る家もあるようです。これが、インテリアのセンスアップを阻んでいる原因のひとつだと私は思っています。

「カレンダーがないと不便」と思う方は、小さいスタンド状のものをブラインド・ゾーンに置いてはいかがでしょうか。収納扉の裏など、目立ちにくいところに掛けるという方法もあります。

カレンダーをフォーカル・ポイントから外して、代わりに好きな額を掛けてみてください。見る度に心地よくなるはずです。

無機質な物を目立たせないようにする

カレンダーなら簡単に外せますが、「見せたくないけれど簡単には隠せない」ものも家の中にはたくさんあります。私がいつも悩むのはエアコンや、エアコンからつながっている配管やカバー、電気のコードです。こういった物が目立つ場所にあると、せっかくのインテリアも台無しになります。

そんなときは、壁に埋め込む「ハウジング・エアコン」を利用したり、ルーバーで囲んで目立たなくすることができます。また、エアコンが露出している場合でも、本体の真後ろにダクト孔を開け、コンセントをエアコンと天井の間に設置することにより、配管もコードも出てこないすっきりとした納まりにできます。（155ページ写真④参照）

とはいえリフォームでできることには、制限があります。とくにマンションでは、エアコンの位置やダクトを抜く位置が決まっているのでやっかいです。でもあきらめないでください。**建築のテクニックでさりげなく隠すことや、できるだけ目立たせないように工夫することは可能です。**（155ページ写真⑤参照）

洗面台の下などの排水管も、見せたくないものです。洗面台の下を収納にして隠す方法もありますが、99ページでお伝えしたように、洗面台の下はオープンにしておくほうが使い勝手がいいということもあります。そこで、下に1枚棚を設けて見えなくしたり、可動式のカバーをつけるという方法で存在感をなくしたりします。

ほかにも、見せたくないところを隠すには次のような方法があります。

・**閉塞感のあるサッシの上の垂れ壁**……窓のシェードを、窓の上からではなく天井から吊るして垂れ壁を隠す。（155ページ写真⑥参照）

・**撤去できない柱**……飾り棚をつくりつけて、その一部にする。柱は、ルーバーの一部にすることもできる。（156ページ写真⑦参照）

・**カーテンのレール**……窓の上の部分に幕板をつけて隠す。カーテンボックスの中に収める。

（156ページ写真⑧参照）

・コード類……壁や造作家具の中を通す。（156ページ写真⑨参照）

仏壇の置き場所

和室のない家が増えてきました。それにともない、仏壇の置き場所をどうするかという問題が生まれます。

仏壇は家族にとって大切なものですが、目立たせたいものではありません。存在感があるので、インテリアと折り合いをつけるのが難しいと悩む方も多くいます。

そこで、部屋のドアを開けてすぐ目に入る位置ではなく、フォーカル・ポイントを避けて仏壇の置き場を設けます。（156ページ写真⑦参照）

和室に置く場合でもそうですが、洋室に置く場合にはとくに、家具やまわりの壁と一体化するようなデザインのものを選ぶのが良いと思います。最近では棚の上に家具として置いても違和感のないものが増えています。扉で隠す場合は、観音式のものをスライドさせて、両サイドにすっぽり収まるようにすれば、じゃまにならず、見た目もスッキリします。

リビングなどに置く場合には、仏壇の脇にルーバーの壁を立てて、さりげなく目隠しをするのもひとつの方法です。

「とりあえず」の収納家具を置かない

部屋が素敵に見えないもうひとつの大きな原因になっているのが、収納家具です。

経済が豊かになるにつれて物が増えていき、あふれた物を片づけるために、多くの人は「収納家具」を買い求めました。「カラーボックス」と呼ばれた、カラフルで安価な組み立て式の家具もあれば、「システム収納家具」という、組み合わせながら家具をジョイントしていく、メーカーの家具もありました（私も賃貸マンション暮らしのときは、こういった家具を使って物を収納していました）。

しかし、置き家具は、床や周りの家具と調和した色やデザインでないと違和感がありますし、ともすると浮いてしまいます。

もし住み替えるなら「収納は基本的に壁面につくりつけにする」と決めて、収納家具を置かない選択をしてはいかがでしょうか。置き家具はインテリアとして楽しみたい家具だけに限定し、フォーカル・ポイントに置くことにしてみるのです。

つくりつけの収納であれば、空間に溶け込ませることができます。周りの壁と同じ色にして、垂れ壁を設けず天井から床までの扉にしたり、取っ手をつけないプッシュ式の扉や「掘り込み手掛け」にするなどの工夫で壁面化して、存在感を小さくすることも可能です。（157ページ写真⑩参照）

「とりあえず」の収納家具をなくす方法を、考えてみてください。

3．理想の家に近づくために

「残念な家」でがまんしている日本人

今自分が住んでいる家で、「理想のインテリアを実現できている」という人はどのくらいいるでしょうか。

「物が多すぎて、インテリアを楽しめる余裕はない」
「あこがれている家には程遠い」
「若いときはこういうテイストが好きだったけれど、年を重ねて趣味が変わってしまった」
「生活感があふれていて、とても人を呼べない」

そんなふうに、今のインテリアには満足していないけれど、がまんして暮らしている人は多いのではないかと思います。

それに比べてヨーロッパの人たちの住まいは、裕福かどうかに関係なく、「いいなあ」と思う住まいが多いのです。気持ちよく片づいていて、自分の好きなテイストで統一されています。自分の家と暮らしを愛していることが、伝わってきます。

良いものを長く使うヨーロッパの暮らし

以前、デンマーク大使館主催の講演会に出席したとき、ある方が、若いころ日本に留学していたときの思い出を、こう話していました。

「自分のために上質なマグカップを買おうとしたら、友達が『まだ大学生なんだから、安い物でいいじゃない』と、100円ショップに連れて行ってくれた。まずそんな店があることに大変驚いた。自分は子どものころから、いい物を選んで長く大切に使うようにと教えられてきたので、『若いから安い物でいい』という考え方も不思議だった」

それを聞いて私は、学生時代に出会ったイギリス人留学生の友人のことを思い出しました。日本に建築を学びに来ていた彼女は、いつもジーンズとシャツというこざっぱりした格好でしたが、めずらしく「服を買いに行く」と言うので、買い物につき合ったときのことです。彼女が入ったのは、高級ブランドを扱うショップです。お目当ては、1か月探して見つけたという、シンプルで上質な襟つきの黒いブラウスでした。値札を見ると、私がふだん買っているブラウスの3枚分以上です。驚く私に、彼女は「これ1枚あればどんなシーンにも着ていけるし、自分をとても上品に見せてくれる」と言うのでした。

「あれかこれか」の選択ではなく、自分の絶対的な価値観からものを選ぶことを、私は彼女から学びました。

ヨーロッパの人たちは、つくりのいいもの、デザインの美しいものを見きわめる目や「美意識」を、受け継いできた気がします。いいものを手に入れたら、できるだけ長いあいだ使う、古いものを大切にするという習慣が、自然に植えつけられているのかもしれません。日本にも、デザインが美しく質の良いものはたくさんあります。祖父母から受け継いだような古い家具を大切に使い続けている家には、上品な空気が漂います。

安い家具や生活道具を買って、引っ越しのたびに買い替えるような暮らしはもうやめませんか。飽きのこない上質な物を選んで、メンテナンスをしながら長く大切に使う暮らしは、心を豊かにしてくれると思うのです。

家づくりは自分の「好き」を探す作業

家づくりにおいては、自分の「好き」を探すことがとても大切なプロセスです。本人も気づいていない自分の「好き」や、思い描いていた暮らしを共に具現化していくことは、設計士としての私たちの仕事だと思っています。

しかし「どんなインテリアが好きですか?」ときいても、「よくわからないのです」と言う人がいます。「壁紙はどんなのがいいですか?」ときくと、「普通にしてください」と言われたりしますが、インテリアに「普通」はありません。

じつは、自分の好きなテイストがわからない、という人は少なくありません。日本人にはとくに、自分の好き・嫌いを堂々と主張する習慣がなかったのかもしれません。しかし、家づくりは自分と向かい合う作業です。自分の「好き」を知るために、自分ととことん向き合って、自分は何が好きなのか、何が嫌いなのか考えてみてください。最初は手探りかもしれませんが、その努力はやがて楽しいものになるはずです。

バンコクで見つけた私の好きなインテリア

私は、シノワズリやアジアンスタイルのインテリアが好きなのですが、その原点になっているのは、やはりタイのバンコクで暮らした6年間です。

バンコクに住む前、私の好きなインテリアは、日本で流行していた「イタリアモダン」でした。当時の建築界は欧米志向で、私にも「欧米のインテリアは素敵」という思い込みがあったのです。部屋に、奮発して買ったマレンコのソファを置いて満足していました。

しかしバンコクで暮らしたことで、私のインテリアの価値観は大きく覆されました。

バンコクに駐在する欧米人の住宅を訪問してみると、誰もがエキゾチックなアジアのインテリアスタイルをリスペクトし、自分たちの住まいに取り入れて、個性豊かに暮らしていました。

かつて私達アジアの国々は、欧米の国々に門戸を開放することで、近代への道を歩み始めました。発展していく過程で、洗練された西洋文化の恩恵も存分に受けました。しかしいっぽうで、アジアの文化もまた、欧米の人々を深く魅了したのです。東南アジアの中心という地理的な好条件もあり、タイの美術や建築は、中国やインド、カンボジアなど周辺の国々の影響がブレンドされています。とりわけ私がひかれたのは、生活から生まれた工芸品の素朴な美しさでした。

そして、「ジム・トンプソンハウス」に出会ったことで、私はさらにアジアのインテリアの魅力に引き込まれました。

ジム・トンプソンはアメリカの建築家で、タイシルクを世界に知らしめた人物です。彼が住んでいた家は、現在は博物館になっており、チーク材を用いたタイ伝統様式の古い家屋と、彼が収集したアジアの古美術のコレクションを鑑賞することができます。私はここでボランティアガイドの経験をしたことで、それまで学んできた建築の世界とは全く異なる、西洋人の目を通した上質なアジアに出会いました。

その経験は、その後の私の家づくりの基本になっていますし、かけがえのない財産になっています。

帰国してからは、私自身の住まいのインテリアも、がらりと変わりました。滞在中に買い求めたタイや中国、ほかのアジアの国の生活用具やファブリックなどを使い、自分の「好きな空間」を実現しています。そこには昔からのマレンコのソファや「Yチェア」もあって、いろいろなスタイルがミックスされていますが、どれもこれも好きなものばかりです。（157ページ写真⑪⑫参照）

センスは努力で磨かれるもの

「どうしたらセンスが良くなれますか？」ときかれることがあります。「センスの良さはもって生まれたものですよね？」と言われることも。

私は、センスは努力すれば磨くことができると思っています。そのためのいちばんの方法は「良い物をたくさん見ること」ではないかと思います。

長く愛されている物には理由があります。良いデザインは単に美しいだけでなく、人間工学に基づいた機能美や「用の美」があります。長く使い続けられるように、素材を厳選し、確かな技術でつくられているはずです。その背景やブランドの歴史を知ることも、インテリアを楽しむ大事な要素ですし、その物に対する愛着もわいてくるはずです。**たとえお皿1枚でも、そういう意識で選ぶことを習慣にすれば、自ずとセンスも磨かれていくはずです。**

センスを磨くには、コンセプトがはっきりしていて、美しい写真がたくさん載っているインテリアの専門書を買うことをおすすめします。そばに置いて何度も開き、好きなページを見つけて、「どうしていつ見てもこの写真に目が留まるんだろう」「なぜ自分はこれが好きなんだろう」と考えながらじっくり眺めてみてください。続けていると、自分が好むスタイルやテイストもわかってくるはずです。

実際にインテリアの洗練されたホテルなどに足を運んで、あちこちじっくり眺めてみるのもとても役に立ちます。「どうしてこの空間はこんなに居心地がいいんだろう」「なぜ素敵だと感じるんだろう」と考えながら、その空間を歩き回ってみてください。

「見ること、体験すること」を積み重ねているうちに、だんだんと美しい物を見る目が磨かれてくるはずです。

4. 暮らしを楽しむための住まい

明るすぎない照明を楽しむ

日照時間が短い北欧の人たちは、「家を楽しむ」ことが得意です。居心地よく過ごすために、インテリアにこだわります。家族だけの食事でも、紙ナプキンをきれいに折って立て、好みの食器でテーブルコーディネートを楽しみます。

とくに上手だなと思うのは、照明の使い方です。大きな明るい照明を天井からひとつ吊るすのではなく、食卓の上、ソファの横などに、おだやかな明るさの照明をいくつも使っています。温かみのある、家族がくつろげる空間をつくるために、日常的にキャンドルの灯りを楽しんでいます。

生活のシーンによって、心地よいと感じられる明るさは異なります。仕事や勉強をするときなどは、昼間のような明るい光が必要ですが、食事をするときやくつろぐときは、温かみのある少し暗めの光のほうがリラックスできます。最近では、「調光」や「調色」ができる照明が出ており、光の強さや色を調節できるようになりました。

照明は、一室一灯ではなく多灯にすることで、奥行きのある暮らしを楽しむことができます。ペンダントライトやライトスタンドは、灯りの演出だけでなく、インテリアのアクセントにもなります。北欧の照明器具には、灯りがついているときも消えているときもそれぞれ美しいものが多く、インテリア性の高いシリーズがたくさんあります。

くつろいだ時間を過ごす場面で役に立つのが、間接照明です。間接照明とは、光源が直接見えないように設置して、天井や壁に当たって反射した光をつくる手法のこと。光のたまりやグラデーションをつくるので、豊かな空間を演出できます。（158ページ写真⑬参照）

マンションでは、梁や設備のダクトのせいで天井に段差ができてしまうことがあるのですが、その段差をうまく利用して、間接照明を計画することもできます。間接照明を入れられないときは、カーテンボックスに照明を入れるという手軽な方法もあります。これもカーテンに光が反射して美しいものです。

家の門から玄関までのアプローチは、低い位置の照明で、柔らかく照らしながら誘導するのも一興です。（158ページ写真⑭参照）庭に大きなシンボルツリーがある場合は、下からライトで強く照らして、印象的な空間にすることができますし、外壁の高い位置からライティングすれば、月明かりのように自然な光で、落ち着いた夜の景色を楽しめます。

空間を豊かにするための灯りを、デザインしてみてください。

緑は最高のインテリア

フォーカル・ポイントには、アートを飾るのもいいのですが、窓をつくるというのも洒落たしつらえです。窓を額縁に見立て、その中に見える自然の緑を絵画のように楽しめるようにすると、印象的なフォーカル・ポイントになります。こういう窓を「ピクチャー・ウインドウ」と呼

んだりします。（159ページ写真⑮参照）

私は、自然の緑は最高のインテリアだと思っています。**暮らしのなかで自然に見ることができる緑は、何よりも心を癒してくれます。**たとえ小さい庭であっても、たった1本の木であっても、それがもたらしてくれる効果は非常に大きいものです。

ひとりで食事をするときも、入浴するときも、料理をするときも、目の前に壁ではなく窓があって、外の緑を眺めることができれば、より豊かな時間になります。一日を寝室で過ごす時間が長いという人は、窓の外が眺められるようにベッドを配置すれば、気持ちが癒されることでしょう。

庭に植栽をするときは、窓の位置を考えながら配置するようにしています。しかしピクチャー・ウインドウから眺めるのは、自分の庭の緑とは限りません。近くの公園の木々や、お隣の庭の緑を眺められるように窓を切り取ることもあります。いわゆる「借景」です。

リビングやダイニングに面した中庭をつくれば、プライバシーを確保しながら、庭の眺めを楽しむことができるので、都市住宅ではよく使う手法です。中庭には大きなシンボルツリーを植えれば、1階だけでなく2階や3階からも、緑を楽しむことが可能になります。

「庭をつくりたいけれど、手入れが負担」という人は、植栽を、手がかからない雑木にするといいと思います。剪定の手間を軽くすることができますし、森の中にいるような自然な雰囲気もつくれます。さらに、ウッドデッキなどを活用して庭の面積を小さくすることで、手入れを楽にすることができます。

ウッドデッキはリビングと同じ高さにして床をつなげたり、周りを高めの塀や植栽で囲んだりすることで、もうひとつの部屋のようになり、リビングの空間が広がったように感じさせる効果もあります。（159ページ写真⑯参照）

目線を意識することの大切さ

住まいづくりで、目線を意識することはとても大切です。フォーカル・ポイントにも関係があることですが、その空間で、人がどんな姿勢で過ごすのかを考えながら設計します。

たとえば、和室は畳の上に座って過ごす空間ですから、目線の位置も低くなります。それに合わせてつくりつけるものの位置も低くします。入り口の戸の高さを抑えたり、背の高い家具は置かないようにすることで、落ち着いた空間にすることができます。

和室に庭を望む窓をつくる場合は、あえて位置を低くし、開口を小さくして、庭の見せたいところだけが見えるようにします。ピクチャー・ウインドウとして楽しめると同時に、外からの目線が気にならなくなり、落ち着ける空間にもなります。（4章119ページ写真⑮参照）

押し入れを床から浮かせた「吊り押し入れ」を設ける場合は、下の部分に飾り物を置いたり、窓を設けて光や風を入れます。低い位置は目に入りやすいので効果的です。小さくてもいいので、床の間風の地板や飾り棚があると、ちょっとしたしつらえの空間にもなります。（159ページ写真⑰参照）

リビングやダイニングには、家族それぞれの「定位置」があるのではないでしょうか。それぞれの定位置から見える、「フォーカル・ポイント」を確認して、インテリアを見直してみてください。

いつも扇風機や電子レンジを見ながら食事をしている家族もいるかもしれません。**少しテーブルの位置を変えたり、置いてある物を目線からずらすだけで、景色が変わります。**目線の先に、楽しかった思い出の写真を飾ってみるのはどうでしょうか。

絵を飾るとき、高い位置にしすぎる人が多いのも気になります。絵の位置は目線の高さにするだけで、印象がずっと良くなります。階段や廊下にアートを飾る場合は、そこに視線を集めるためにライトを当てるのも効果的です。

コンセントが目立たない場所を考える

家電が進化してきたことで、住宅設備を見直す必要が出てきています。

その代表例が掃除機です。軽くて動かしやすいコードレス型が主流になり、ソケットの抜き差しが必要ないのでとても便利になりました。問題になるのは置き場所です。充電のために、掃除機を収納する場所には、コンセントが必要になりました。掃除機を置いたり、吊り下げたりして、**充電しながら収納できるようにしています。**

ロボット掃除機を使う場合も、充電器の置き場を考える必要があります。洗面室の下をオープンにしてコンセントを設ければ、ロボット掃除機と充電器の指定席にすることができます。コードレス掃除機と一緒に壁面収納に収める場合は、棚のいちばん下を10センチ開けてロボット掃除機を収納できるようにします。ドアの下をその分だけ開けて、ドアが閉まった状態でもロボット掃除機が戻れるように設計することもあります。

充電型の掃除機を使うようになったことで、部屋の中で、コンセントを設ける位置についての考え方も変わりました。以前は、「部屋の入り口とその対角線の位置に2か所」というのが基本でした。しかし今ではそれに縛られず、タコ足にならないためにも、必要な場所に、使いたい数だけコンセントを設けるのが良いと思います。

そのため家づくりでは、家具や家電をどこに置くのか、家族はどんな動きをするのかを最初によく検討することが大事です。家電を使う位置をできるだけ近くにすることで、コードが目立たなくなりますし、コードに足を引っかける心配もなくなります。ダイニングテーブルの下の床面にもコンセントがあると、ホットプレートなどの調理器具やパソコンを使うときに便利です。

コンセントプレートを必要以上に目立たせないことも、考えてみてください。たとえば壁にアクセントクロスを貼る場合は、できるだけその面にコンセントやスイッチをもっていかないようにします。やむを得ない場合は、白ではなく壁に合う色のプレートにすることで、インテリアに溶け込ませます。

スイッチのことを考える

2章でも紹介したFさんは住まいに対する繊細な美意識の持ち主で、私も勉強になりました。印象に残っているのが、「照明などのスイッチの位置を低くしてほしい」という要望です。通常、スイッチは床から120センチの高さのところにありますが、ちょうどおとなの視界に入りやすい位置で、絵などを飾るときに一緒に目に入るのでじゃまになりますし、小さい子どもや車椅子の人からは届きにくくなります。そのため、私はいつも90センチの高さにしています。

しかしFさんは、さらに低い70センチのところにしてほしいと言うのです。やってみると、確かに視界に入らなくなり、まったくインテリアのじゃまになりません。インテリアにこだわりたい人向きのテクニックです。（160ページ写真⑱参照）

スイッチのデザインについても、よく考えてみるべきです。見やすくて操作しやすい大きなサイズのスイッチが普及していますが、私にはどうしても、インテリア性が高いとは思えないのです。目立つ場所につくるのであれば、やはり目立たないデザインであったり、部屋の雰囲気に合ったものを選びたいと思います。インターホンの親機や給湯器、冷暖房の操作パネルなど、サイズの違うものが並ぶ場合は、壁を少し凹ませて、まとめてつけるという方法もあります。デザインされた感もあり、少しすっきりします。（160ページ写真⑲参照）

スイッチ以外にも、ドアのハンドルや収納の取っ手、フックなどのアクセサリーには、その空間の雰囲気を変える力があります。小さいことと思われるかもしれませんが、**自分の好きなスタイルを実現するためには、いいかげんに選ばずに細部までこだわりたいものです。**（160ページ写真⑳参照）

不要になった設備

以前は、リビングやダイニングに、必ず「ファクスつき電話機のコーナー」が必要でした。電話機を置けるようにカウンターがあり、上下が収納になっているスペースです。しかし固定電話やファクスを置かない人が増えてきました。「ほとんど使わないから」と、ファクスつき電話機を寝室に置く人も増えています。

いらなくなったコーナーは、リフォームでつぶして、天井から床までの収納にしてはいかがでしょうか。外に出したくないＷｉ‐Ｆｉのルーターを置いたり、コードレス掃除機などを充電しながら収納したりしておけます。

また、最近事情が変わってきた家電といえば、テレビです。

壁掛け型のスマートなものが増えてきて、以前ほどインテリアをじゃまする存在ではなくなってきました。防災の面で「置き型」のテレビより安全ですし、配線を壁の中に隠せばすっきりします。

しかし、以前より大型化してきているので、テレビ台選びが重要になってきました。サイズの合った、デザインのいいものを選び、インテリアに馴染ませる工夫が大切です。さらに、配線ができるだけ目に入らないようにする配慮も必要です。

最近ではテレビを置かず、プロジェクターを使う人もいます。壁やスクリーンに映して観るので、モニターが必要ないというわけです。スクリーンは天井にボックスをつくって収納できるようにすれば、使わないときは存在を消すことも可能です。照明と一体化したプロジェクターも出ています。

テレビがあるかないかで、部屋のレイアウトは大きく変わってきます。若い人にはそもそもテレビを観る習慣がない人も増えてきているようですから、今後は「テレビが必要ない家」もめずらしくなくなってくるのかもしれません。

ペットと暮らす家

ペットと一緒に暮らす人がとても多くなっています。

ペットのためには、食事場所以外にトイレ、寝床、遊び場、そしてケアの道具やおもちゃの収納場所も必要です。しかし家のつくりはというと、ペットがいることを前提にはしていないのが普通です。そのため、廊下にペットのトイレがあったり、リビングにケージを置いたり、キッチンの隅に食事場所をつくったりして、人の通り道のじゃまになっていることが多く、困っている人から相談を受けることもあります。

ペットのトイレは、廊下の通り道を少し凹ませたり、洗面台の下に配置したりします。リビングのテレビ台のまわりにキャット・ウォークをつくることもありますし、階段の下のデッドスペースを寝床にしたり、壁面収納のいちばん下をオープンにして寝床を置いたりもします。(160ページ写真㉑参照)

ペットがいると、ニオイの問題もあります。窓をつくりかえて通風をよくしたり、消臭効果のある珪藻土を壁や天井に使うことで、解決しています。

家は自分らしさの表現

「人を呼べる家にしたい」とよく言われます。その前にまず、自分にとって、家に何があると快適なのか、幸せなのか、考えてみてください。

人によっては、ワインセラーがあると幸せかもしれません。

本に囲まれて暮らしたい人は壁一面を本棚にすればいいし、食器が好きで、多いけれどどうしても捨てたくない人は、収納を充実させて、それが収まるようなリフォームをしてはいかがでしょう。

大切なのは、自分にとっての「幸せな暮らし」とは何かを、明確にしておくことです。「キッチンのこの部分をこうしたい」といった具体的な希望から、理想のライフスタイルや家族像まで、箇条書きにしてみるのもいいことです。その積み重ねが、暮らしやすい住まいの実現へとつながるはずです。

家は自分らしさの表現でもあります。自分が主役の舞台をつくるつもりで、思いきりわがままになっていいと思います。ああしたい、こうしたいを実現させて、「これが自分の場所だ」と思える住まいをぜひつくってください。

おわりに

本を書くというのは、漠然と考えていたことをはっきりと言葉にするということです。そのためには、設計の過程で、無数にある選択肢の中から選んだ一つひとつの要素を深く考え直すことが必要になりました。しかしその作業を通して、設計者として得たものは非常に大きかったと思っています。家づくりは一軒一軒違いますが、本を書くことを通して自分自身の設計の手法を整理することができました。またそれにより、住みやすい家のセオリーを見つけることができたように思います。

設計の仕事は、施主のニーズに耳を傾けることから始まります。自分の理想を実現しようとする声は、その時々の社会を反映する生の声としても大変貴重で、私の家づくりにつながってきました。そういう意味では、施主の方々こそ「私の先生」と言ってもいいかもしれません。

この本も、そんな皆さんと一緒につくり上げました。本書の執筆にあたり、竣工写真の撮影・使用に快く応じてくださった施主の方々に、この場を借りて心より感謝申し上げます。

今回、前著以来11年ぶりにまた声をかけてくださったNHK出版の猪狩暢子さん、私の中にあるものを引き出してくれた編集の臼井美伸さん、いつも、私の考えを理解して美しい写真を撮ってくれる永野佳世さん、ブックデザインで、さまざまな要望に応えてくださったアンパサンドワークスさんに感謝申し上げます。そしていつも私を支えてくれるスタッフと家族にも、ありがとう。

読者の皆様が、この本をきっかけに今の暮らしを見直して、より豊かな人生を送られることを心から願っております。

二〇二一年十月

水越美枝子

水越美枝子【みずこし みえこ】

一級建築士、日本女子大学非常勤講師、ＮＨＫ文化センター講師。日本女子大学住居学科卒業後、清水建設（株）に入社。商業建設、マンション等の設計を経て、1991年タイに居を移すため退社。アジアのインテリアスタイルや欧米型住居の長所を日本の住まいづくりに活かすコンセプトを携えて6年後に帰国。1998年から一級建築士事務所アトリエサラを共同主宰。住居設計（新築・リフォーム）、インテリアコーディネート、収納計画、キッチン設計など暮らしやすく、いつまでも美しく暮らせる住まいづくりをモットーに、総合的な家づくりを提案している。
おもな著書に『40代からの住まいリセット術』（ＮＨＫ出版生活人新書）、『いつまでも美しく暮らす住まいのルール』（エクスナレッジ）、『人生が変わるリフォームの教科書』（講談社）、『理想の暮らしをかなえる50代からのリフォーム』（大和書房）など多数。

一級建築士事務所アトリエサラ　http：//www.a-sala.com
[主宰] 水越美枝子/秋元幾美
[スタッフ] 須田圭子/小林理/鷹野亜沙美/岩崎智子/井坂明子

取材協力（敬称略・順不同）

玉川直彦、玉川由、玉川精子／田﨑佳光、田崎ゆかり／
森尻敬冶、森尻美幸／西村行功、西村一代／
グラハム・フレミング、容子・フレミング／木村均、木村麻美／
本田達弥、本田早織／岡崎彰彦、岡崎益子／後藤比東至、後藤杏奈／
金谷敏宏、金谷悦己／小竹比呂志、小竹由紀／小林靖昌、小林百合／
塚原多恵子／小宮英敏、小宮輝子／瀧本芙美江／
坂本和信、坂本恵利子／土井雄太、土井靖子／南泰彦、南響子／
片山祥、片山広美／浦崎美和／金子親男、金子利江／岩沢安子／
新井倫人、新井周子／田辺俊文、田辺美佳子／齋藤清、齋藤眞理子／
向山澄夫、向山真美／北原孝志、北原千恵／小林頼和、小林明子／
佐藤公和、佐藤輝美／沼尻周、沼尻伸子／岩間洋平、岩間奈緒子／
吉井健、吉井順子／立原順子／飯澤健二、飯澤富美子／
神谷明弘、神谷浩子／島田孝男、島田典子／日野晶也、日野奈津子／
莊正利、莊昭子／上山倫生、上山惠江

写真撮影：下記以外すべて　永野佳世
p.37-⑮ p.39-㉒　馬渡孝則
編集協力：臼井美伸（ペンギン企画室）
校　正：鷗来堂
ブックデザイン：Ampersand works

がまんしない家　これからの生活様式への住まいリセット術

2021年10月30日　第1刷発行

著　者　水越美枝子 ©2021 Mizukoshi Mieko
発行者　土井成紀
発行所　NHK出版
〒150-8081　東京都渋谷区宇田川町41－1
電話　0570-009-321（問い合わせ）
0570-000-321（注文）
ホームページ　https://www.nhk-book.co.jp
振替　00110-1-49701
印　刷　三秀舎／大熊整美堂
製　本　二葉製本

Printed in Japan
ISBN978-4-14-081878-7
C0077